目録の作成と提供に関する調査

報告書

(2010年調査)

2012.2

社団法人　日本図書館協会

Committee of Cataloging
of Japan Library Association

2010 Survey of Cataloging and OPACs in Japan

目録の作成と提供に関する調査報告書（2010 年調査）　／　日本図書館協会目録委員会編.
東京　：　日本図書館協会，　2012.　―　81p　;　30 cm.
ISBN 978-4-8204-1112-3

t1. モクロク　ノ　サクセイ　ト　テイキョウ　ニ　カンスル　チョウサ　ホウコクショ　2010 ネン　チョウサ
a1. ニホン　トショカン　キョウカイ
s1. 資料整理法－統計書　s2. オンライン目録－統計書　①014

まえがき

　日本図書館協会目録委員会は、図書館目録についての日本の基準である『日本目録規則』（NCR: Nippon Cataloging Rules）を作成し、維持・管理を行っている。当委員会は、NCR が日本の図書館に適合し、利用者の情報利用行動を支える目録の実現を可能とするものであるよう努めることを任務としており、現在も、NCR の改訂作業を進めているところである。

　これまでも、当委員会は、図書館目録の状況を把握する基礎データをほぼ十年おきに集めてきた。前回の調査から少し間があいたが、今回、2010 年 4 月 1 日を調査基準日として同年 6 月から 7 月にわたって、全国の各図書館に照会する「目録の作成と提供に関する調査」を実施した。本書は、その結果報告である。

　当委員会では、この結果を、従来の調査結果と同様に重要な基礎データとして扱い、現在進行中の改訂作業における検討の指針としていきたい。本報告書が、それぞれの図書館にとっても参考資料となれば幸いである。

　本調査にあたって、日々の多忙な業務の中で時間を割いて、回答してくださった全ての図書館と協力してくださった関係各位に深く感謝する。

2012 年 2 月

　　　　　　　　　　　　　　　　　　　　　　　　　　　　　　日本図書館協会目録委員会
　　　　　　　　　　　　　　　　　　　　　　　　　　　　　　　　委員長　原井　直子

目　　次

- 0　調査の概要 1
  - 0-1　調査のねらい 1
  - 0-2　調査の実施と集計 1
  - 0-3　調査票の構成 3
    - 0-3-1　調査票の設計 3
    - 0-3-2　実施上の問題点 4
- 1　目録の作成業務全般 6
  - 1-1　目録作成業務を行っているか 6
  - 1-2　目録作成業務に関わる担当組織、及びその業務内容 8
  - 1-3　目録作成業務に関わる職員数 9
  - 1-4　目録作成業務の経験年数 12
- 2　現在使用している目録規則 14
- 3　典拠コントロール 18
  - 3-1　目録作成にあたって典拠コントロールを行っているか（複数回答可） 18
  - 3-2　典拠コントロールの方法　（複数回答可） 20
- 4　外部委託の状況（MARC購入を含む） 22
  - 4-1　目録作成業務をどの程度外部委託しているか 22
  - 4-2　外部委託で目録作成を行う場合の作業の種類（複数回答可） 24
- 5　現在利用者に提供している目録の種類（複数回答可） 26
- 6　OPAC 28
  - 6-1 a) OPACの開始時期 28
  - 6-1 b) Web版OPACの開始時期 30
  - 6-2　図書館内に設置された主にOPACに使っている利用者端末台数 32
  - 6-3　図書館内に設置された利用者用端末でのOPACの入力手段　（複数回答可） 34
  - 6-4　OPACの検索方式（複数回答可） 36
  - 6-5　OPACが備えている検索補助機能（複数回答可） 38
  - 6-6　OPACの目録情報で検索のキーワードに利用できる要素（複数回答可） 40
  - 6-7　OPACで蔵書の書誌・所蔵データのほかに提供している情報（複数回答可） 42
  - 6-8　基本的な項目の検索以外に提供している機能（複数回答可） 44
  - 6-9　検索結果の上限件数と超えた際の措置 46
  - 6-10　OPACの利用者支援（複数回答可） 48
- 7　目録データベースの作成 50
  - 7-1　目録データベースの作成を行っているか 50
  - 7-2　目録データベースの収録対象 52
  - 7-3　リモートアクセスの電子資料を収録対象としているか（複数回答可） 54

- 7-4 目録データベースの作成方法（複数回答可） ... 56
- 7-5 自館独自の目録データ作成の割合 ... 58
- 7-6 書誌データの追加・加工を行っているか（複数回答可） ... 60
- 8 遡及入力 ... 62
  - 8-1 遡及入力の実施状況 ... 62
  - 8-2 遡及入力の対象 ... 64
  - 8-3 遡及入力の完了予定年または完了年 ... 66
  - 8-4 遡及入力における入力済資料の割合 ... 68
  - 8-5 遡及入力の方法（複数回答可） ... 70
- 9 カード・冊子体目録 ... 72
  - 9-1 カード・冊子体目録の作成と提供 ... 72
  - 9-2 カード・冊子体目録の作成、提供の対象となっている資料の種類 ... 74
  - 9-3 現在、利用者用に作成、提供しているカード・冊子体目録の種類（複数回答可） ... 75
  - 9-4 カード・冊子体目録を作成、提供している理由 ... 76
- 10 システム・業務の開始・拡大・変更の予定 ... 77
- 付　調査票 ... 78

0 調査の概要

0-1 調査のねらい

　本調査は、我が国の図書館（公共図書館と大学・短期大学・高等専門学校等の図書館）における目録業務の実態を総合的に把握しようとするものである。日本図書館協会は、これまでに1964年、1972年、1981年、1989年、1997年の5回、「図書の整理に関する調査」あるいは「目録の利用と作成に関する調査」を実施してきており、今回は6回目となる。この調査のねらいは、調査結果をNCRの改訂作業のための基礎データとすることとともに、報告書として刊行し、各図書館における活動のための参考資料として活用されることにある。

　近年の情報技術の進展はめざましく、前回の調査時点ですでに、「その影響は図書館活動の中で、とくに整理技術の領域に大きい。…（中略）…とりわけ公共図書館においては、事態は一変したといってよい。」と述べているほどである。それからすでに13年が経過した。この間に図書館業務をめぐる変化はより激しさを増しており、目録世界でも、情報環境の変化に対応して1997年に提起されたFRBR（書誌レコードの機能要件）の概念モデルはすでに浸透し、それに基づく各種国際標準規則の見直しの動きは一応の完成に向かいつつある。

　こうした中で、委員会は『日本目録規則』（NCR）を改訂すべく、平成21年度から検討を開始し、平成22年度には改訂の主な内容を図書館大会及び図書館雑誌で公表し、意見を募った。また、並行して、本調査を実施し、その結果を改訂作業に反映させることとした。つまり、改訂作業の前提として現状を把握することが本調査のねらいの一つ目の目的である。

　また、既に述べたように、目録に関する調査は今回で6回目となる。これには、時系列での状況変化を把握し広く周知していくとともに、後世に記録を残すというもう一つの目的がある。したがって、調査内容は前回と同様大幅に見直しを行ったが、従来のものとの整合性についてもできるだけ考慮した。

0-2 調査の実施と集計

　調査は、2010年6月から7月までのほぼ2ヶ月にわたって実施した。我が国の公共図書館及び大学・短期大学・高等専門学校等の図書館に対する悉皆調査を目指した。調査館数、回答集計の概要は表1のとおりである。

　本調査は、前回までのように「日本の図書館」調査の付帯調査としてではなく、本調査単独で調査票を送付することによって実施した。公共図書館は、中央館に調査票を送付し、大学、短大、高専、大学校、大学共同利用機関、その他（放送大学）の図書館は、『日本の図書館』掲載の全ての館に調査票を送付した。

　ただし、公共図書館の回答方法は、各自治体の状況を考慮し、中央館でとりまとめて回答するか、調査票を複写して個別に回答するかを、任意とした。そのため、個別に回答があった図書館を集計する際には、自治体ごとに中央館のデータを基礎とし、それに分館のデータを加える方法で、まとめを行った。

表1 調査対象館及び回答館数

		調査館数	回答館数	集計館数*	回答率**
公共図書館	都道府県立	47	44	42	89.4
	市区立	794	633	553	69.6
	広域市町村圏***	1	1	0	0
	町村立	530	316	299	56.4
	小計	1,372	994	894	65.2
大学図書館	国立	293	248	248	84.6
	公立	124	99	99	79.8
	私立	979	713	713	72.8
	大学共同利用機関・大学校	12	9	9	75.0
	小計	1,408	1,069	1,069	75.9
短大・高専図書館	短期大学	222	156	156	70.3
	高専	61	50	50	82.0
	小計	283	206	206	72.8
	総計	3,063	2,269	2,169	70.8

＊公共図書館では、中央館に対して調査票を送付しているが、分館からも回答が寄せられた場合があり、集計では分館は中央館に含めている。

＊＊回答率は、集計館数／調査館数×100 で算定した。

＊＊＊広域市町村圏は、集計上は市区立に含まれる。

　そのまとめにあたっては、いずれかの分館で行われていると回答された項目は、その自治体で行われているものとして、集計に加えた。また、OPAC 開始年の回答が館によって異なる場合は、最も古い年を、逆に遡及入力の完成年の回答が館によって異なる場合は、最も新しい年を回答に採用した。そのほか、市町村合併によって市や町の分館となった図書館は、合併後の市や町の中央館のデータにまとめた。

　したがって、集計された図書館単位は、公共図書館は自治体単位、大学図書館等は個別となっており、両者は館数だけでは単純に比較できない面もあるので、分析にあたっては、その点を考慮して行った。

　全体の回答率については、前回は 92.3%と非常に高かったが、今回は単独調査であることから、かなり回答率が下がることが想定された。結果として、全体で 70.8%と比較的高い回答率であったが、これについては回答しやすさが重要と考えて、多様な回答方法を用意したことも効果があったものと考えている。具体的には、送付した調査票を①郵便で返送、②FAX で返送のほかに、③調査票のメール返送、④回答用入力フォームへの入力、という 4 種類の回答方法を可能とした。そのため、委員会 HP に調査票を掲載、回答用入力フォームを用意した。

　実際の回答方法の比率は表 2 のとおりである。

表 2 回答方法別館数

	郵送	FAX	メール	フォーム	計
公共図書館	175	328	302	189	994
大学図書館 短大・高専図書館	202	186	485	402	1,275

0-3 調査票の構成

調査に使用した調査票は巻末に掲載した。この設計について 0-3-1 に、調査実施によって把握された問題点を 0-3-2 にとりまとめておく。

0-3-1 調査票の設計

調査票の設計にあたって、4つの点に留意した。
①基礎的事項は、できるだけ前回調査と比較できる形とする。
②前回の質問で、現在質問しても有効でない事項があれば削除する。
③時代の変化に対応して、新たに必要となる事項を付加する。
④回答者の負担を考慮して、質問を絞り、選択式回答を多くする。

全体構成については、前半に利用に関する事項、後半に作成に関する事項をまとめるという前回調査の構成にならうつもりで検討を開始したが、設計していく中で大きく構成を変更することとした。利用と作成で区分すると、前半と後半に類似事項が分散し回答が難しいこと、答える必要のある設問をとびとびに回答していかねばならない回答者がかなり出る想定となることなどが理由である。結局、全体構成は、全回答者が回答する基礎的な設問を最初の方にまとめ、設問によって回答する必要のない場合を分かりやすくすることに意を用いることとした。

①問 1～5 は、基礎的な事項として前回調査と整合性をとりながら分かりやすくなるよう若干の修正をはかった。問 6 以降でも基本的な内容は比較しやすいように留意している。

②例えば、外部委託の設問を追加した。また、問 6 の OPAC に関する設問で、前回の 2-8（和書書名検索の検索文字種）、2-9（著者名検索の検索文字種）などは、現在では検索文字種が限定されることの方が少なくなってきていることから削除した。

③逆に、OPAC に関する設問では、回答の選択肢に新たな項目を追加するなどしている。また、リモートアクセスの電子資料（電子ジャーナル、電子ブック、データベース等）を対象とするかという設問を加えた。

④の質問を絞る、という点では、分類表や件名標目表に関する質問の削除、問 7 の自館でのMARC 加工についての回答を選択式にする、回答の選択肢に例を付すなどを行いながら、全体を 4 ページ（1 枚）に収めた。

各設問の趣旨は、次のとおりである。

（問1）　全ての図書館に対して、目録の作成業務の状況を尋ねた。前回調査の問 4 にあたるもので、内容はほぼ前回の問を踏襲した上で、担当職員の目録作成業務の経験年数の項目を追加し

た。また、目録作成業務を行っているという回答にMARCを購入している場合を含むことを明示し、例にも記載した。前回、分かりにくかった点を解消するためである。

（問2）　現在使用している目録規則について尋ねた。前回調査で目録に関する基本的な事項が分からないとの問い合わせが多数あったが、現在はMARC利用などが一層進行していることを想定して、回答の選択肢に「分からない」を設定した。回答を容易にすることと、「分からない」を選択する比率を把握することをねらったものである。なお、「分からない」という選択肢は以降の設問でもかなりの箇所に設定しているが、同様の理由による。また、目録規則についての設問のみとし、分類表についての設問を前回調査から削除したのは、分類委員会での調査が2008年に実施されたためである。

（問3）　世界的な目録の動きにとって重要ポイントである典拠コントロールについての設問である。前回調査では目録データベースの作成の中にあったが、今回は別設問としている。選択肢は前回調査とほぼ同様とし、簡単な説明を付した。

（問4）　外部委託状況が進行していることを踏まえて、その実態把握のため新たに設定した。新規受入れ資料をどの程度委託しているか、どのような作業を委託しているかを尋ねた。

（問5）　現在、利用者に提供している目録の種類について尋ねた。ここまでは全員に回答を求めているが、この設問への回答によって、①問6のOPAC、問7の目録データベース、問8の遡及入力と、②問9のカード・冊子目録に分岐するようになっている。①②両方に回答してもらう必要がある場合も、いずれかのみでよい場合も流れを分かりやすくすることに留意した。

（問6）　OPACについての設問をまとめた。その内容は、開始時期、館内の利用者用端末数、OPACの入力手段、検索方式、検索補助機能、検索項目、付加機能等、結果表示の上限、利用者支援機能などで、今回の調査項目のうち一番分量の多い設問となっている。前回との比較ができるよう留意するとともに、かなりの改変も加えている。回答しやすいように留意したが、どうしても困難な設問とならざるを得ないため、「分からない」という選択肢を設けた。

（問7）　目録データベースの作成についての設問で、前回調査の問5にあたる。典拠コントロールは問3に切り出した。AV-MARCの利用についての設問をデータベース作成方法の中に統合した。この質問では、例を十分に入れて分かりやすくし、また、リンクリゾルバの活用なども入れた。同様に、MARC利用の場合の自館での加工については、選択肢を設けることによって回答を容易にした。さらに、リモートアクセスの電子資料（電子ジャーナル、電子ブック、データベース等）を対象としているか否かという設問を今回調査で新たに設けた。

（問8）　遡及入力については、ほぼ前回調査を踏襲した設問となっている。

（問9）　前回調査では、カード目録については、前半の作成と、後半の提供に分かれていたが、今回調査ではここにまとめて、回答する必要のない場合に飛ばせるようにした。

（問10）　最後に、目録の作成と提供に関する今後の予定を記述式で尋ねた。

0-3-2　実施上の問題点

前回調査の際に従来の調査と設問構成を大幅に変更しているが、今回もまた全体構成について変更を加えている。前回調査の反省点を踏まえて、より回答しやすいように留意したつもりであ

る。さらに、回答の容易度を試すために、調査票確定前に、公共図書館、大学図書館の職員数人にお願いして回答を試行していただいた。その結果を反映して、例や説明の追加など若干の修正を加えた上で、調査票を確定した。

　前回調査の際にも、公共図書館と大学図書館を同一の質問で処理することが難しいことは挙げられているが、今回もこの点は非常に困難な課題であった。委員会でも、公共図書館向けと大学図書館向けを別票にするといったことも検討したが、結論として、これまでの調査との時系列での比較の可能性、分析を行う際の困難さなどを考えると踏み切ることはできなかった。

　最後に、前回調査の際に明確になったこととして、民間 MARC の利用によって図書館では目録に関する基本的な事項を意識しなくなっていることが挙げられているが、今回調査でも同様の反応が起きることが予想されたため、事前に民間MARC会社には調査を実施することを連絡し、必要に応じた協力を依頼したことを付け加えておく。

1 目録の作成業務全般
1-1 目録作成業務を行っているか

	回答館	行っている	行っていない
都道府県立	42	41	1
市区立	552	522	30
町村立	298	262	36
公共計	892	825	67
国立大学	247	199	48
公立大学	99	91	8
私立大学	704	572	132
共同利用機関等	9	8	1
大学計	1,059	870	189
短大	154	128	26
高専	50	45	5
短大・高専計	204	173	31
合計	2,155	1,868	287

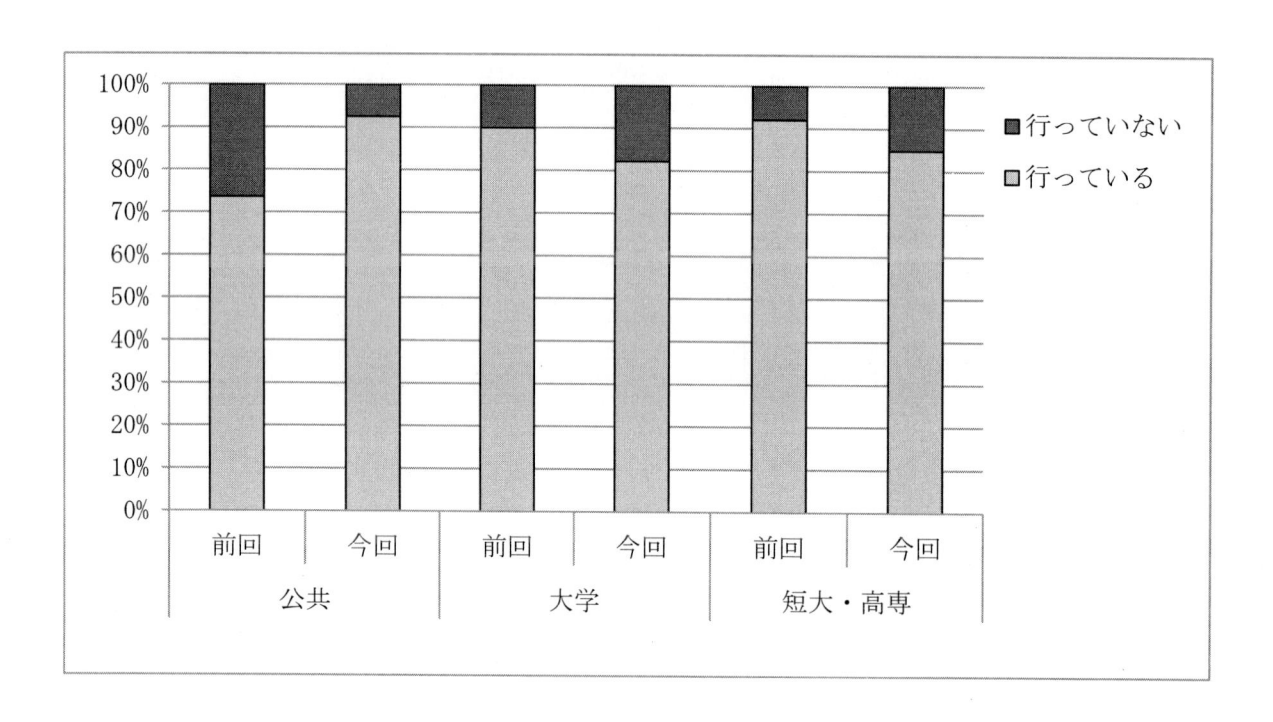

目録作成業務を行っているかを質問した。

公共図書館の回答数は892館（調査回答数894館に対して、回答率99.8%）であった。目録作成業務を行っている館は825館（92.5%）で、その内訳は都道府県立図書館が97.6%、市区立図書館が94.6%、町村立図書館が87.9%であった。前回の報告書には公共図書館全体で行っている図書館は68.1%で、1989年調査より激減とあった。今回、行っている公共図書館の割合が高いのは、中央館を対象に調査を行ったためと思われる。

大学図書館の回答数は1,059館（調査回答数1,069館に対して、回答率99.1%）であった。目録作成業務を行っている館は870館（82.2%）で、その内訳は国立大学が80.6%、公立大学が91.9%、私立大学が81.3%、共同利用機関等が88.9%であった。

短大・高専図書館の回答数は204館（調査回答数206館に対して、回答率99.0%）であった。目録作成業務を行っている館は173館（84.8%）で、その内訳は短期大学が83.1%、高等専門学校が90.0%であった。

館種を通じて、目録作成業務を行っている割合が一番高いのは都道府県立図書館の97.6%、低いのが国立大学図書館の80.6%であった。

前回調査では目録作成業務を行っている割合が高いのは、短大・高専図書館、大学図書館、公共図書館の順だったが、今回は公共図書館、短大・高専図書館、大学図書館の順となっている。目録作成業務を行う割合は全体で86.7%、前回調査では80.7%であった。公共図書館の回答は自治体ごとにとりまとめて集計したため、単純に比較はできないが、図書館の業務として目録作成を行う図書館の割合は、前回からそれほど変化はないと思われる。

1-2　目録作成業務に関わる担当組織、及びその業務内容

　目録作成業務に関わる担当組織の名称と、その業務の内容について質問した。記述式の回答であるため、具体的な業務内容の分析や集計は行っていないが、以下のように整理した。

　公共図書館では「整理」、「目録」を係の名称にしているところは少ない。都道府県立図書館は「資料」とつく名称が多く、整理業務のための課や係の設置が多い。市区立図書館は「係名なし」と「奉仕」とつく名称が多く、目録専任の係は少ないと思われる、町村立図書館はさらに「係名なし」、全員または「司書」で目録業務を行っているとするところが多い。

　業務内容にMARCの点検、修正、追加などを挙げ、MARCを利用した作業を行っていると判断できる図書館は、都道府県立図書館、市区立図書館、町村立図書館のいずれも多い。MARCを利用しない目録対象資料としては、地域資料、古文書、古典籍、外国語資料（英、中、ハングル、スペイン、ポルトガル）、視聴覚資料、ハンディキャップサービスに関わる資料、逐次刊行物、寄贈資料、コミックなどが挙げられている。独自のデータの追加としては、地域の独自件名付与を行っている館があった。

　OPAC以外で提供されていると考えられるデータ作成に、地域新聞記事索引作成、郷土資料件名事項目録の作成、中国語資料・ハングル資料のリストの作成などがあった。

　大学図書館では、国立大学は「整理」、「目録」を名称にしているところは少ない。「図書情報」、「学術情報」としているところが多く、「情報」という言葉が入っている名称は58館ある。公立大学は総称的な「図書」か「係名なし」としているところが多い。私立大学は「係名なし」が最も多いが、「整理」、「目録」の名称を使っているところが比較的多い。前回調査では目録作成業務を行っている大学図書館全てに、整理業務のための課や係が設置されているとあったが、今回の回答では、整理業務のみと思われる課や係は少なく、課や係で扱う図書館業務の幅が広がっていると考えられる。

　大学図書館では、NACSIS-CATを利用した作業を挙げる図書館が多い。NACSIS-CATやMARCを利用しない目録対象資料としては、楽譜、特殊言語、古文書、古典籍、マイクロフィルム、錦絵などの一枚ものなどが挙げられている。独自データベースや目録カードを維持しているところも見受けられた。その他にOPAC以外で提供されていると考えられるデータ作成に、機関リポジトリのデータ作成などが挙げられていた。専攻分野の独自件名付与と件名表の維持を行っている館があった。

　短大・高専図書館のうち、短期大学は「整理」、「目録」の名称が多い。高等専門学校は「学術情報」、「情報管理」など、国立大学と同じような名称を使っていることが多い。

　短大・高専図書館では、NACSIS-CATを利用した作業を行っていると判断できる図書館は、大学図書館に比べると少ない。短期大学はNACSIS-CATやMARC以外では自館によるデータ作成を挙げるところが多い。高等専門学校は「長岡技術科学大学・高等専門学校統合図書館システム」のデータ利用を挙げるところがあった。

1-3 目録作成業務に関わる職員数

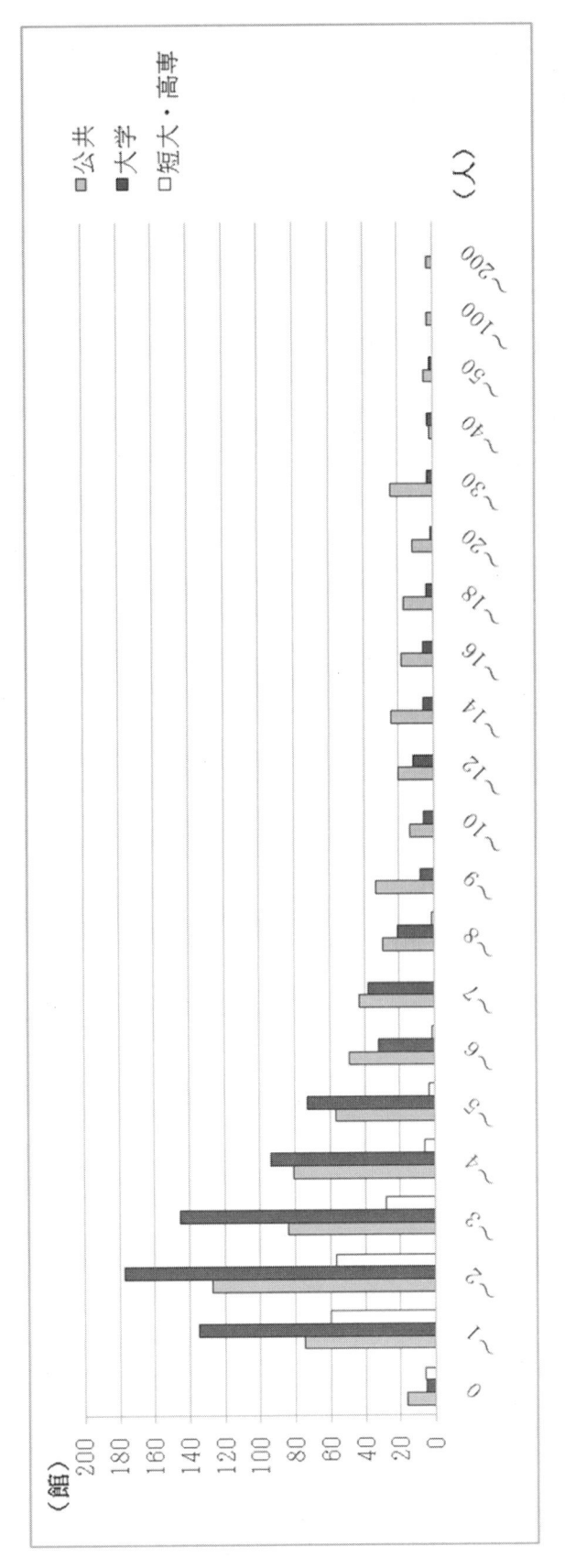

	0	~1	~2	~3	~4	~5	~6	~7	~8	~9	~10	~12	~14	~16	~18	~20	~30	~40	~50	~100	~200	回答館
都道府県立	0	0	0	1	3	3	4	3	2	2	2	2	5	3	2	3	2	0	0	0	0	41
市区立	7	31	67	51	48	43	31	30	25	23	10	17	15	15	15	9	21	2	5	3	3	518
町村立	9	44	60	32	30	11	14	10	2	8	2	1	4	0	0	0	0	0	0	0	0	250
公共計	16	75	127	84	81	57	49	43	29	33	14	20	24	18	17	12	24	2	5	3	3	809
国立大学	0	31	38	25	20	12	4	8	8	1	1	2	2	3	1	0	0	0	0	0	0	199
公立大学	0	7	22	21	9	11	2	3	1	1	1	0	0	0	0	0	0	0	0	0	0	91
私立大学	5	96	115	99	65	49	25	26	12	6	4	9	4	3	3	1	2	3	2	0	0	576
共同利用機関等	0	1	2	0	0	1	1	1	0	0	0	1	0	0	0	0	0	0	0	0	0	8
大学計	5	135	177	145	94	73	32	38	21	8	6	12	6	6	4	1	3	3	2	0	0	874
短大	1	39	48	23	6	2	1	0	0	0	0	0	0	0	0	0	0	0	0	0	0	131
高専	0	21	9	5	0	1	0	0	1	0	0	0	0	0	0	0	0	0	0	0	0	45
短大・高専計	6	60	57	28	6	3	1	0	1	0	0	0	0	0	0	0	0	0	0	0	0	176
合計	27	270	361	257	181	133	82	81	51	41	20	32	30	24	21	13	27	5	7	3	3	1,859

	専任	兼任	非常勤	委託・派遣	合計
都道府県立	160	142	102	25	429
市区立	1,157	1,428	1,514	388	4,487
町村立	311	200	276	51	838
公共計	1,628	1,770	1,892	464	5,754
国立大学	239	170	324	30	763
公立大学	85	25	133	47	290
私立大学	858	169	420	868	2,315
共同利用機関等	2	6	21	8	37
大学計	1,184	370	898	953	3,405
短大	141	29	67	26	263
高専	34	13	31	6	84
短大・高専計	175	42	98	32	347
合計	2,987	2,182	2,888	1,449	9,506

【今回調査】

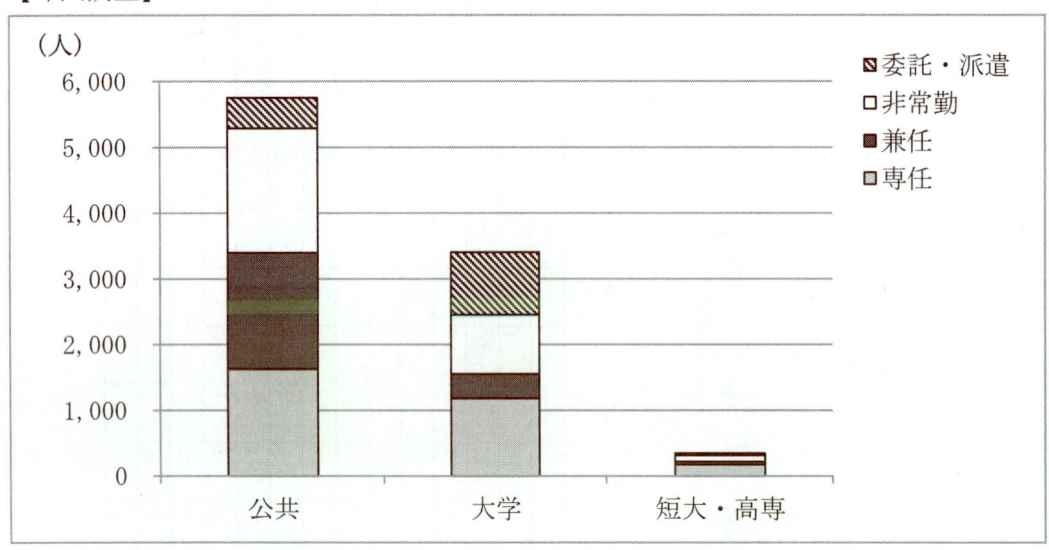

【前回調査】

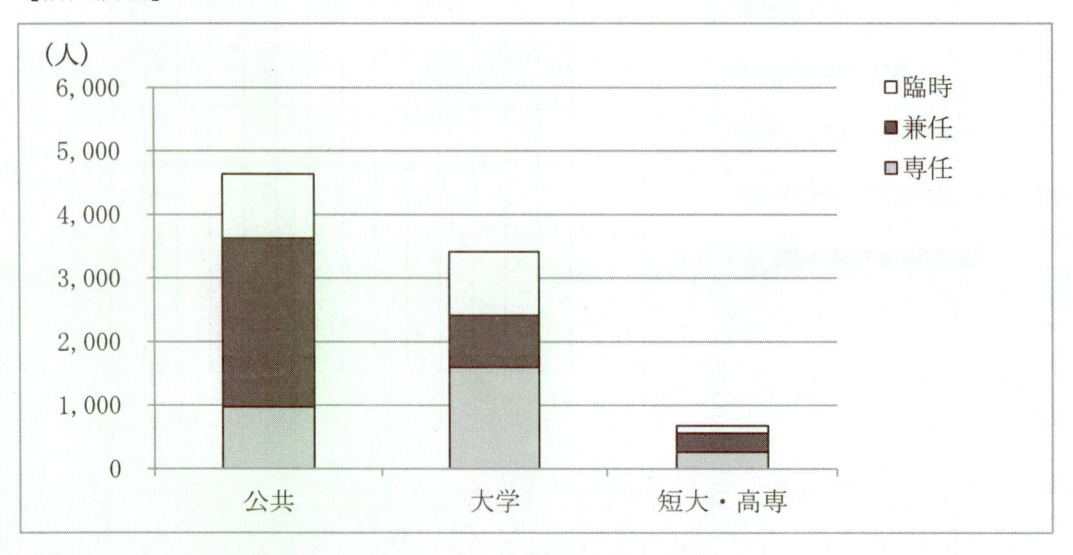

目録作成業務に関わる職員数について質問した。前回調査では臨時職員の区分は1つだったが、2003年指定管理者制度の改正などを考慮し、非常勤職員と委託・派遣職員に分けて行った。

　職員数が前回調査では最大40人までとなっているが、今回調査では200人までとなっている。今回の調査では公共図書館を中央館集計にしたためであると思われる。

　公共図書館で目録作成に関わる職員は平均7.1人、大学図書館は3.9人、短大・高専図書館は2.0人となっている。

　公共図書館は、都道府県立で平均10.5人、市区立は8.7人、町村立は3.4人の順であった。公共図書館の職員の割合は、非常勤職員（32.9%）と兼任職員（30.8%）が多い。

　大学図書館は平均職員数が最も多いのが共同利用機関の4.6人、その後私立大学4.0人、国立大学3.9人、公立大学3.2人と続く。大学図書館の職員の割合は、専任職員（34.8%）と委託・派遣職員（28.0%）が多い。

　短大・高専図書館は、平均職員数が、短大2.0人、高専1.9人であった。短大・高専図書館の職員の割合は、専任職員（50.4%）と非常勤職員（28.2%）が多い。

　正規職員の割合が最も多いのは都道府県立図書館で70.4%。最も少ないのは共同利用機関図書館の21.6%であった。大学図書館は臨時職員54.4%、正規職員45.6%となり、正規職員と臨時職員の多寡が逆転した。

1-4 目録作成業務の経験年数

【専任職員（常勤）】

	1-5年	6-10年	11-15年	16-20年	21年以上	合計	回答館数
都道府県立	70	21	14	19	27	151	41
市区立	571	237	135	121	171	1,235	452
町村立	134	79	43	26	19	301	213
公共計	775	337	192	166	217	1,687	706
国立大学	115	50	31	26	18	240	176
公立大学	40	28	10	5	5	88	62
私立大学	331	172	101	80	171	855	462
共同利用機関等	0	1	0	0	1	2	5
大学計	486	251	142	111	195	1,185	705
短大	53	26	23	15	22	139	113
高専	22	5	1	3	2	33	39
短大・高専計	75	31	24	18	24	172	152
合計	1,336	619	358	295	436	3,044	1,563

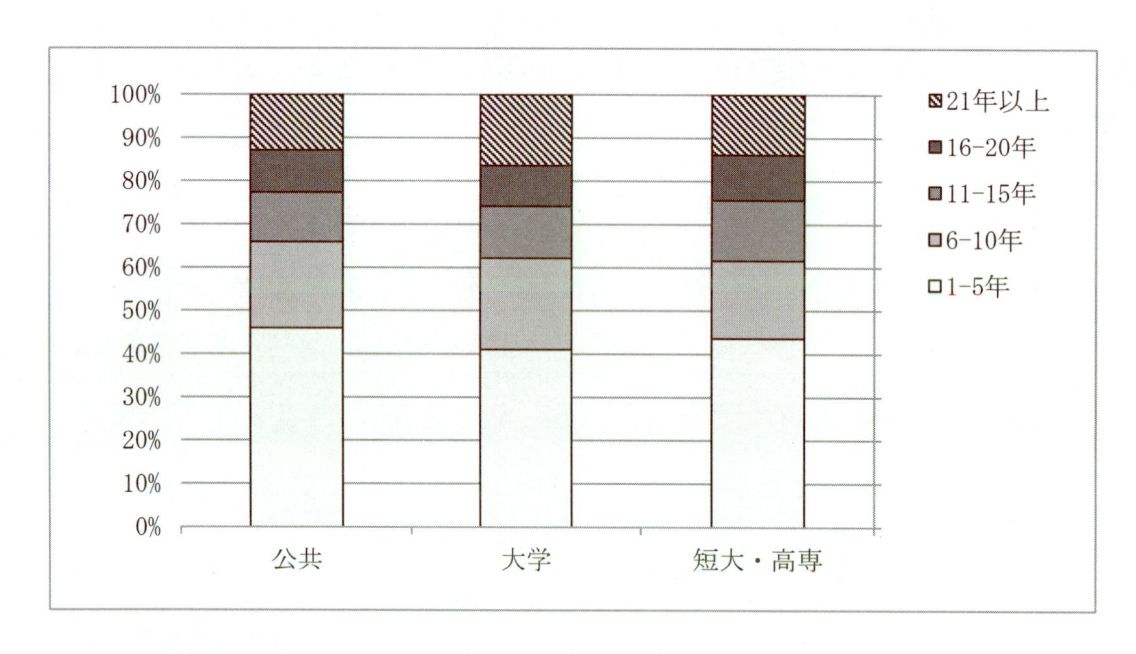

【兼任職員（常勤）】

	1-5年	6-10年	11-15年	16-20年	21年以上	合計	回答館数
都道府県立	68	29	9	9	16	131	41
市区立	586	200	131	115	141	1,173	452
町村立	101	53	35	13	9	211	213
公共計	755	282	175	137	166	1,515	706
国立大学	72	42	25	12	15	166	176
公立大学	15	7	4	1	1	28	62
私立大学	111	40	21	19	22	213	462
共同利用機関等	2	0	1	1	0	4	5
大学計	200	89	51	33	38	411	705
短大	20	5	4	1	0	30	113
高専	10	1	0	2	0	13	39
短大・高専計	30	6	4	3	0	43	152
合計	985	377	230	173	204	1,969	1,563

注）1人が目録業務を行う割合を考慮して「0.1人」として回答した館は、1に切り上げた。

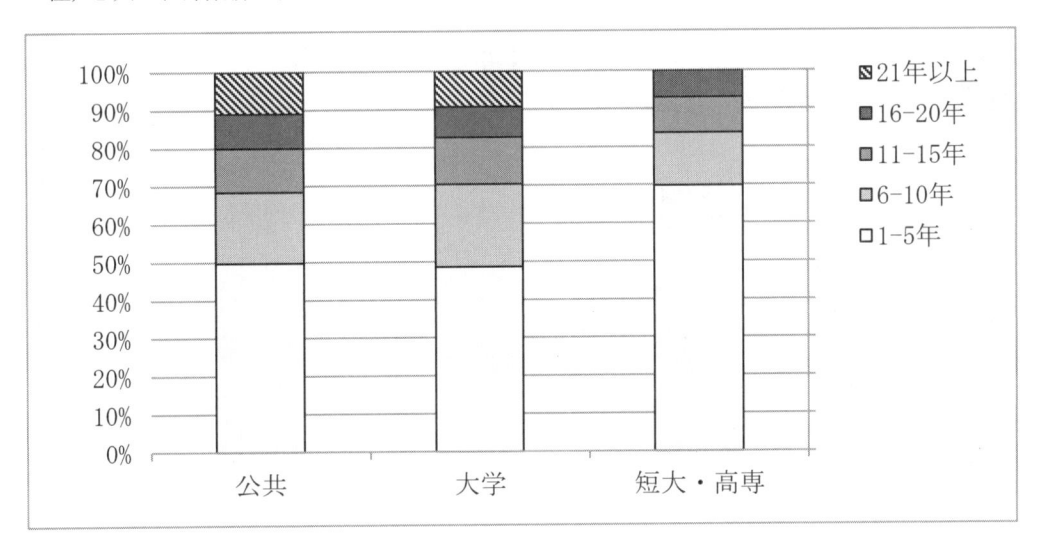

　常勤職員の目録作成業務の経験年数について質問した。今回新しく設けた質問である。

　目録業務の経験年数は、公共図書館は、専任職員が1-5年45.9%、6-10年20.0%、11-15年11.4%、16-20年9.8%、21年以上12.9%であった。兼任職員は1-5年49.8%、6-10年18.6%、1-15年11.6%、6-20年9.0%、21年以上11.0%であった。

　大学図書館は、専任職員が1-5年41.0%、6-10年21.2%、11-15年12.0%、16-20年9.4%、21年以上16.5%であった。兼任職員は1-5年48.7%、6-10年21.7%、11-15年12.4%、16-20年8.0%、21年以上9.2%であった。

　短大・高専図書館は、専任職員が1-5年43.6%、6-10年18.0%、11-15年14.0%、16-20年10.5%、21年以上14.0%であった。兼任職員は1-5年69.8%、6-10年14.0%、11-15年9.3%、16-20年7.0%、21年以上0.0%であった。

　経験年数の分布で、専任職員、兼任職員とも一番多いのは1-5年で、これはどの館種でも同じであった。

2 現在使用している目録規則

【和書】

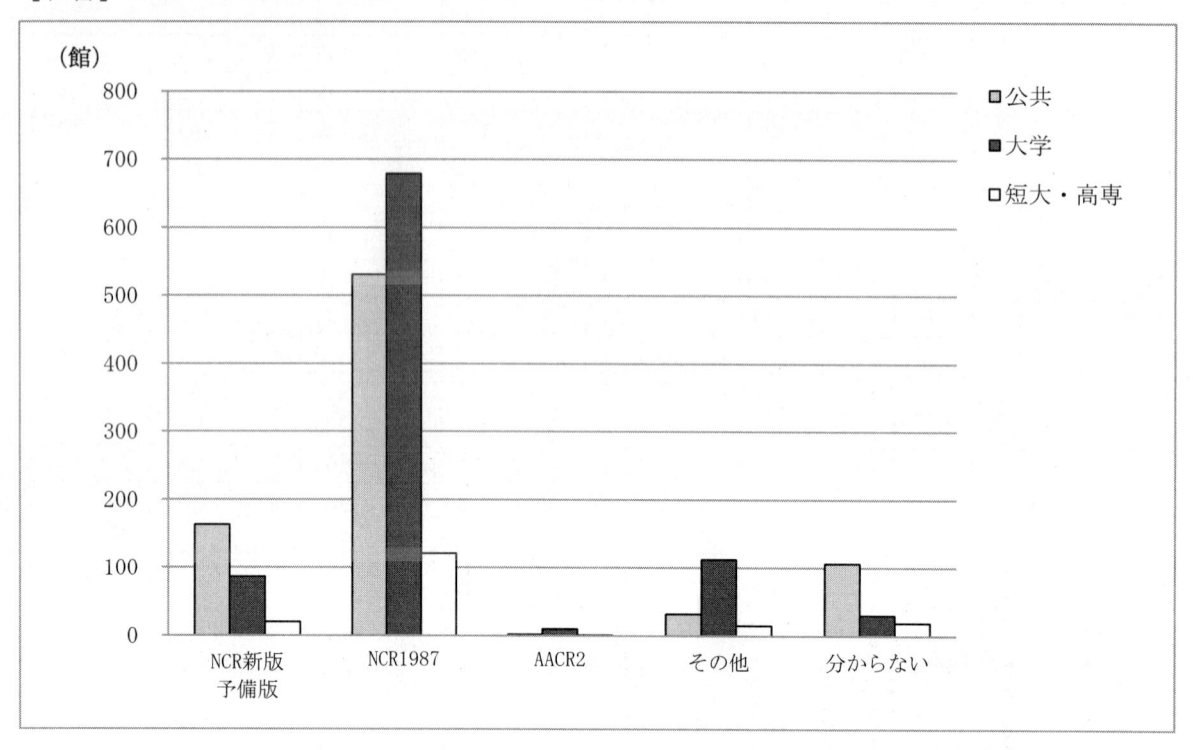

	NCR新版予備版	NCR1987	AACR2	その他	分からない	回答館数
都道府県立	7	34	0	4	0	41
市区立	109	362	2	16	45	520
町村立	47	135	0	12	61	255
公共計	163	531	2	32	106	816
国立大学	10	180	2	17	0	199
公立大学	8	72	2	12	3	91
私立大学	66	421	6	82	27	577
共同利用機関等	2	6	0	1	0	8
大学計	86	679	10	112	30	875
短大	16	88	1	10	15	129
高専	4	33	0	5	4	45
短大・高専計	20	121	1	15	19	174
合計	269	1,331	13	159	155	1,865

（未回答館： 304）

【洋書】

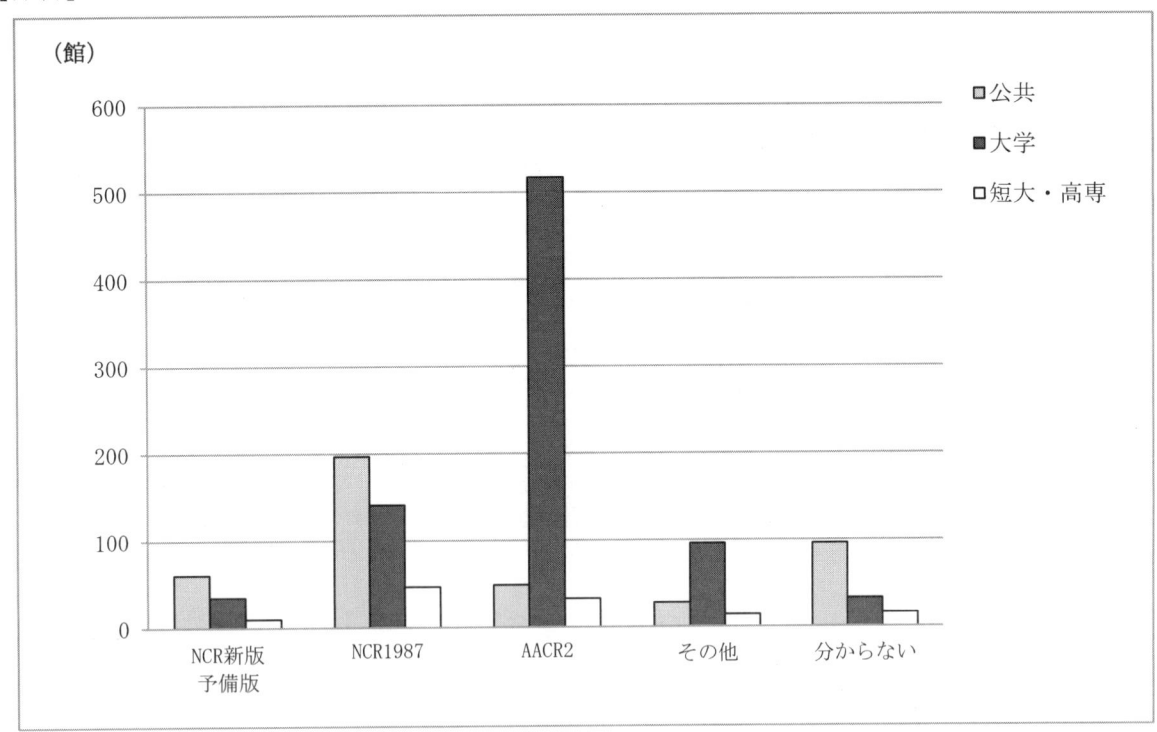

	NCR新版予備版	NCR1987	AACR2	その他	分からない	回答館数
都道府県立	3	13	15	7	1	35
市区立	44	137	26	16	51	270
町村立	14	47	8	5	44	118
公共計	61	197	49	28	96	423
国立大学	2	9	176	17	1	195
公立大学	5	14	54	12	4	84
私立大学	27	118	281	67	27	500
共同利用機関等	1	0	6	0	1	8
大学計	35	141	517	96	33	787
短大	8	31	24	10	12	85
高専	2	16	9	4	4	34
短大・高専計	10	47	33	14	16	119
合計	106	385	599	138	145	1,329

（未回答館： 840）

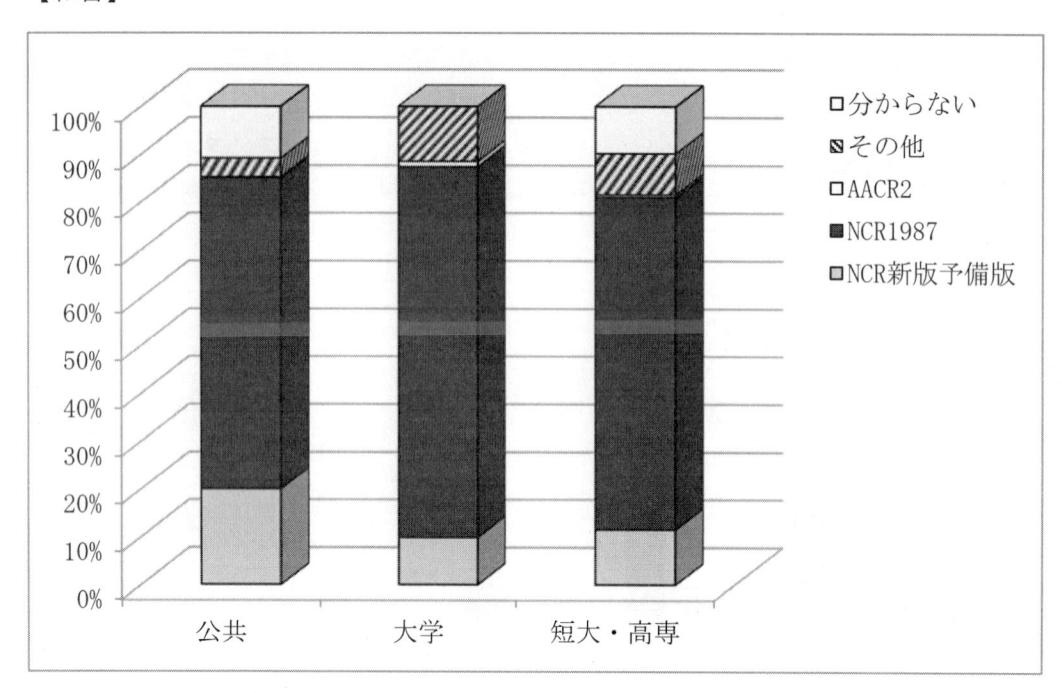

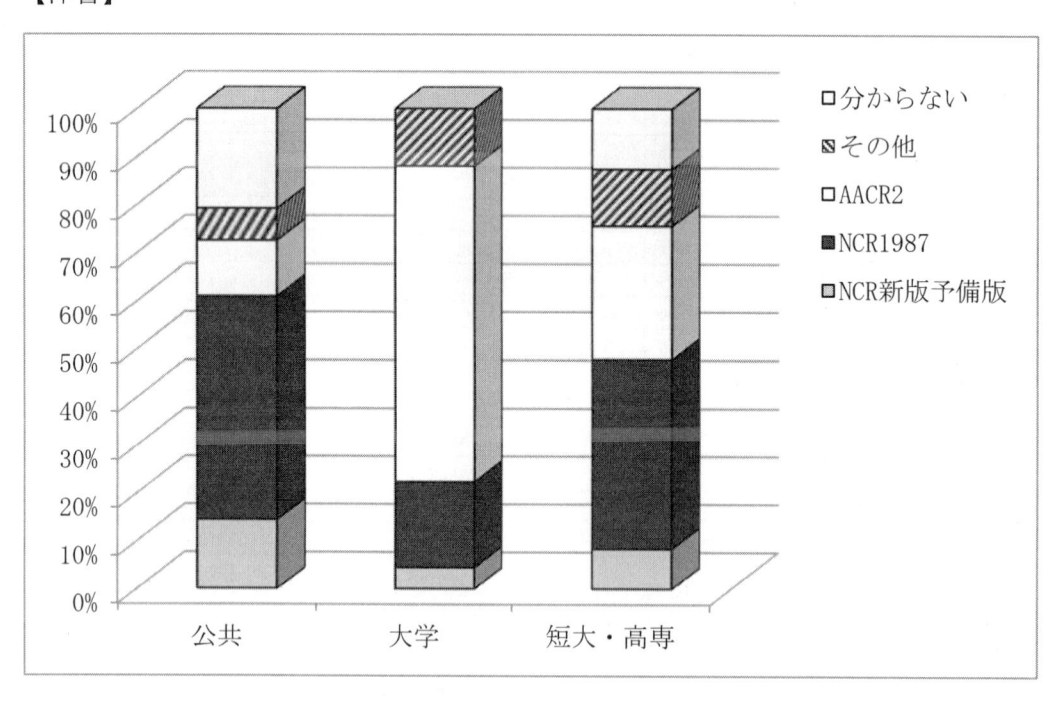

【和書】

【洋書】

和書と洋書に分けて、現在使用している目録規則の種類について、前回調査に引き続き質問した。ただし、前回調査になかった「分からない」という項目を設けた。和洋の区分を設けていない館は、和書の項目に含めるように依頼した。なお、複数回答した館があった。

　和書については、回答した1,865館のうち、NCR新版予備版269館（14.4%）、NCR1987年版1,331館（71.4%）、AACR2 13館（0.7%）、「その他」159館（8.5%）であった。「分からない」は155館（8.3%）。館種別にみると、公共図書館（回答816館）は、NCR新版予備版163館（20.0%）、NCR1987年版531館（65.1%）、AACR2 2館（0.2%）、「その他」32館（3.9%）であった。「分からない」は106館（13.0%）。大学図書館（回答875館）は、NCR新版予備版86館（9.8%）、NCR1987年版679館（77.6%）、AACR2 10館（1.1%）、「その他」112館（12.8%）であった。「分からない」は30館（3.4%）。短大・高専図書館（回答174館）は、NCR新版予備版20館（11.5%）、NCR1987年版121館（69.5%）、AACR2 1館（0.6%）、「その他」15館（8.6%）であった。「分からない」は19館（10.9%）。

　洋書については、回答した1,329館のうち、NCR新版予備版106館（8.0%）、NCR1987年版385館（29.0%）、AACR2 599館（45.1%）、「その他」138館（10.4%）であった。「分からない」は145館（10.9%）。館種別にみると、公共図書館（回答423館）は、NCR新版予備版61館（14.4%）、NCR1987年版197館（46.6%）、AACR2 49館（11.6%）、「その他」が28館（6.6%）であった。「分からない」は96館（22.7%）。大学図書館（回答787館）は、NCR新版予備版35館（4.4%）、NCR1987年版141館（17.9%）、AACR2 517館（65.7%）、「その他」96館（12.2%）であった。「分からない」は33館（4.2%）。短大・高専図書館（回答119館）は、NCR新版予備版10館（8.4%）、NCR1987年版47館（39.5%）、AACR2 33館（27.7%）、「その他」が14館（11.8%）であった。「分からない」は16館（13.4%）。

　前回調査では、和書は、NCR1965年版8.5%、NCR新版予備版29.0%、NCR1987年版60.2%、その他5.1%、洋書は、NCR1965年版9.7%、NCR1987年版32.3%、AACR1 12.8%、AACR2 48.7%、「その他」8.9%であった。前回調査のこの比率と今回調査の比率を比較するために、今回について「分からない」を除いて計算すると、和書は、NCR新版予備版15.7%、NCR1987年版77.8%、AACR2 0.8%、その他9.3%、洋書は、NCR新版予備版9.0%、NCR1987年版32.5%、AACR2 50.6%、「その他」11.7%となる。これを前回と比較すると、和書ではNCR新版予備版から1987年版への切り替えが進む一方、洋書ではNCR1987年版とAACR2の各比率があまり変わらないことが分かる。

　「その他」には、和洋書とも書誌ユーティリティの規定やMARCを挙げる館が多かった。

3　典拠コントロール
3-1　目録作成にあたって典拠コントロールを行っているか（複数回答可）

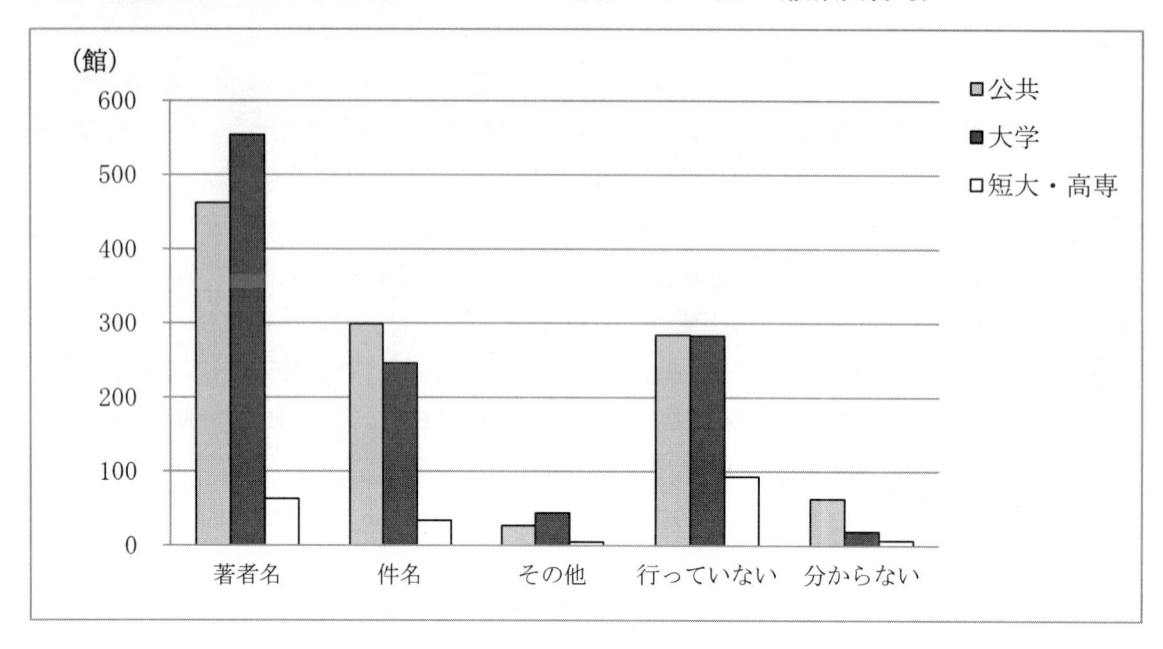

	著者名	件名	その他	行っていない	分からない	未回答館	回答館
都道府県立	34	24	3	7	0	1	41
市区立	320	199	19	160	32	35	518
町村立	108	76	5	117	31	39	260
公共計	462	299	27	284	63	75	819
国立大学	175	66	18	22	2	49	199
公立大学	59	25	2	28	3	8	91
私立大学	316	155	23	230	14	138	575
共同利用機関等	4	0	1	3	0	2	7
大学計	554	246	44	283	19	197	872
短大	45	25	1	72	7	28	128
高専	18	9	4	21	0	5	45
短大・高専計	63	34	5	93	7	33	173
合計	1,079	579	76	660	89	305	1,864

書誌的記録の作成に当たって典拠コントロールを行っているか、前回調査に引き続き質問した（行っている場合の項目は複数回答可）。なお、設問に典拠コントロールについての説明を加えた。

　公共図書館では、目録作成業務を行っている825館（問1-1を参照）のうち、著者名の典拠コントロールを行っている館が462館（56.0%）、件名の典拠コントロールを行っている館が299館（36.2%）という結果である。「その他」に回答したのは27館で、すべての館が具体的な内容について記述していて、出版者（15館）、全集・シリーズ（5館）、統一タイトル（2館）などが挙げられている。また、民間MARCに準拠している（5館）という回答のほかに、部分的に行っているとの回答もあった。一方、全く行っていない館は284館（34.4%）である。

　大学図書館では、目録作成業務を行っている870館のうち、著者名については554館（63.7%）が、件名については246館（28.3%）が、典拠コントロールを行っている。「その他」44館のうち具体的な内容について記入があったのは41館で、その内訳は、統一タイトル23館、シリーズ名4館、NACSIS-CATによる6館などである。また音楽作品の標題について典拠コントロールを行っているとの回答もあった（3館）。公共図書館と比較すると、出版者が皆無である一方、統一タイトルの館数は遥かに多い。全く行っていない館は283館（32.5%）であり、館数も比率も公共図書館に匹敵する。

　短大・高専図書館では、目録作成業務を行っている173館のうち、著者名については63館（36.4%）が、件名については34館（19.7%）が、典拠コントロールを行っている。「その他」は5館で、NACSIS-CATによる3館などである。全く行っていない館は93館（53.8%）に上り半数を超える。

　前回調査では、全体で「行っていない」という回答が、目録作成業務を行っている館の半分を超えていた（2,881館のうち1,518館）のに比して、今回調査では、全体で「行っていない」という回答が、目録作成業務を行っている館の約三分の一近くにまで減少した（1,868館のうち660館）。典拠コントロールの概念が浸透してきたことがうかがえる。

3-2 典拠コントロールの方法 （複数回答可）

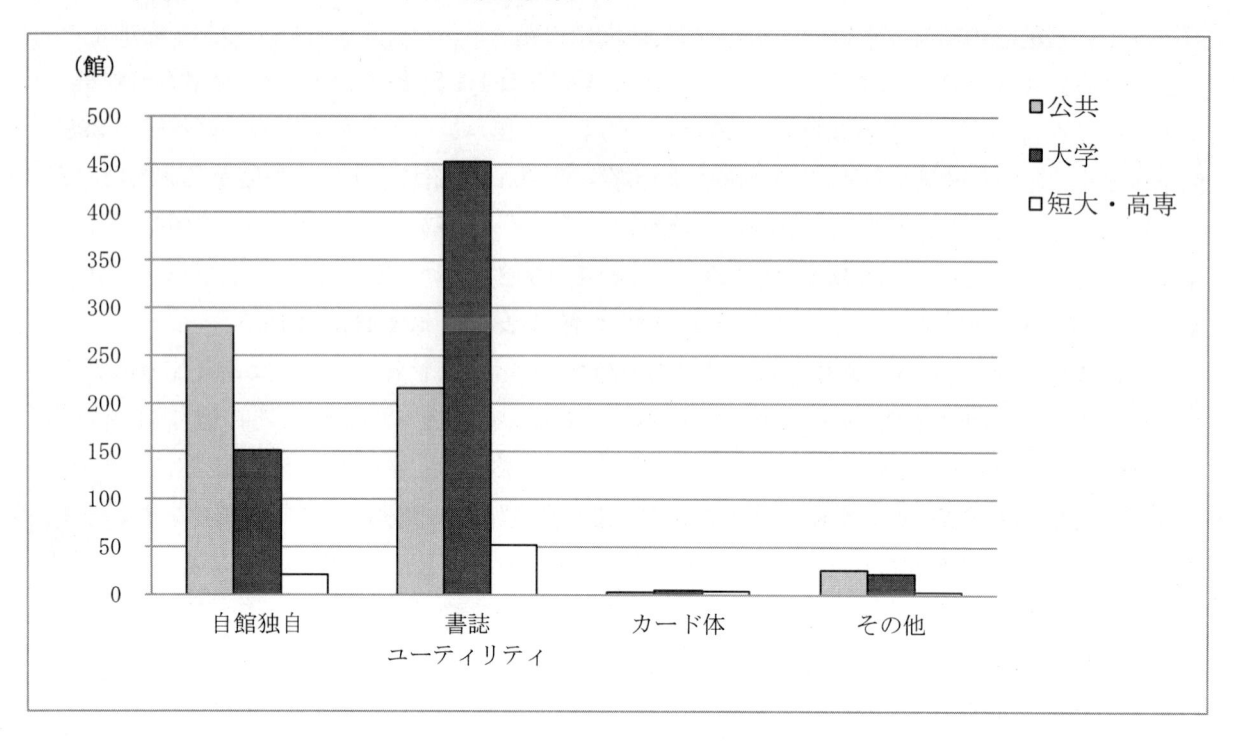

	自館独自	書誌ユーティリティ	カード体	その他	未回答館	典拠コントロールを行っている館
都道府県立	21	19	3	6	0	34
市区立	200	140	0	16	6	326
町村立	60	57	0	4	4	112
公共計	281	216	3	26	10	472
国立大学	30	150	1	1	1	175
公立大学	13	52	0	2	0	60
私立大学	107	247	4	19	0	331
共同利用機関等	1	4	0	0	0	4
大学計	151	453	5	22	1	570
短大	19	32	4	2	0	49
高専	2	20	0	1	1	24
短大・高専計	21	52	4	3	1	73
合計	453	721	12	51	12	1,115

注）右端の「典拠コントロールを行っている館」の数値は、18ページ下の表における「回答館」の数値から「行っていない」と「分からない」の各数値を差し引いたものである。

前問で典拠コントロールを行っていると回答した館における、その方法について、前回調査に引き続き質問した（複数回答可）。

　公共図書館では、典拠コントロールを行っている472館のうち、281館（59.5%）が「自館の図書館システムで独自の典拠コントロールを行っている」と回答している。他方、216館（45.8%）という多くの館が「書誌ユーティリティの典拠コントロールシステムを利用している」と回答しているが、これらの館の一部の実態はMARCの購入なのではないかと推測される。カード体の典拠ファイルを維持している館はわずか3館である。「その他」との回答26館のうち、TRCによる館が17館であり、外部委託しているとの回答もあった。

　大学図書館では、典拠コントロールを行っている570館のうち、151館（26.5%）が「自館の図書館システムで独自の典拠コントロールを行っている」と回答している一方、それを遥かに上回る453館（79.5%）が「書誌ユーティリティの典拠コントロールシステムを利用している」と回答している。「カード体の典拠ファイルを維持している」との回答は5館であった。「その他」に回答した22館のうち実に20館までがNACSIS-CATに準拠していると答えている。これらの館の少なくとも一部は、「その他」ではなく「書誌ユーティリティの典拠コントロールシステムを利用している」を選択すべきではなかったかと思われるが、各館の回答のまま集計した。

　短大・高専図書館では、典拠コントロールを行っている73館のうち、21館（28.8%）が「自館の図書館システムで独自の典拠コントロールを行っている」と回答している一方、52館（71.2%）が「書誌ユーティリティの典拠コントロールシステムを利用している」と回答している。カード体典拠ファイルを維持しているのは4館である。「その他」3館のうち2館がNACSIS-CATを利用している。

　問7-4の目録データベースの作成方法の回答に見られるように、多くの公共図書館がMARCを購入し、多くの大学図書館が書誌ユーティリティを利用している現在、典拠コントロールを基本的にそれらに依存する館が多いと考えられる。この結果、前回調査で最も多かった方法が自館独自だったのに比して、今回は書誌ユーティリティの方が多くなったと見られる。またカード体が皆無に近い状態へ減少した。

4 外部委託の状況（MARC購入を含む）
4-1 目録作成業務をどの程度外部委託しているか

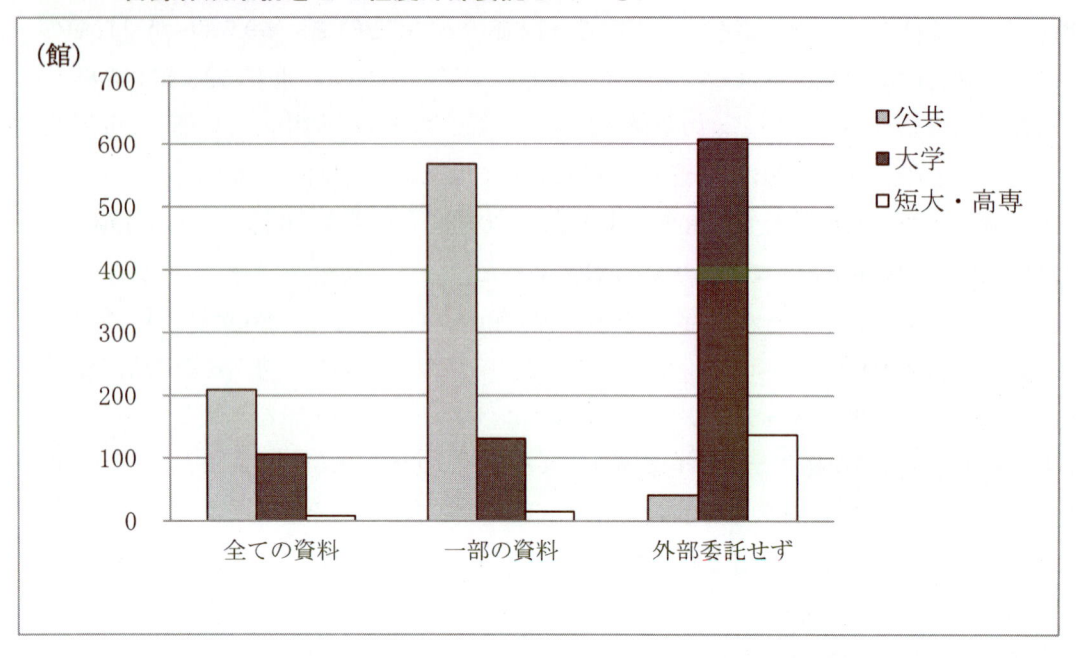

	全ての資料	一部の資料	外部委託せず	未回答館	回答館
都道府県立	0	38	3	1	41
市区立	133	374	14	33	520
町村立	76	156	24	43	256
公共計	209	568	41	77	817
国立大学	2	16	175	55	193
公立大学	12	12	66	9	90
私立大学	90	102	362	159	554
共同利用機関等	2	1	5	1	8
大学計	106	131	608	224	845
短大	7	14	99	36	120
高専	1	1	38	10	40
短大・高専計	8	15	137	46	160
合計	323	187	822	347	1,822

問4では、目録業務の外部委託状況（MARC購入を含む）について質問した。

まず問4-1で、外部委託状況について、新規受入れの全ての資料か、一部の資料か、外部委託はしていないのかを尋ねた。

公共図書館では、「全ての資料の目録作成業務を外部委託している」と回答した館が209館と、回答館全体の25.6%に上っており、「外部委託はしていない」と回答した館はわずか41館で、回答館全体の5.0%にとどまっている。

大学図書館では、「全ての資料の目録作成業務を外部委託している」と回答した館が106館で、回答館全体の12.5%となっており、「外部委託はしていない」と回答した館は608館にも上り、回答館全体の72%を占めている。

短大・高専図書館はさらに委託率が低く、「外部委託はしていない」と回答した館は137館で、回答館全体の86%を占めている。

このように、公共図書館の目録業務の委託が普及している現状がうかがえるが、これは、MARCの購入を含むとした設問であったため、広くMARC購入が行われている公共図書館の委託率が高い結果となったものとも考えられる。

一方、大学図書館や短大・高専図書館では、外部委託化にあまり変化がなく、1989年調査（後述）と比べても、顕著な増加は見られない。これは、書誌ユーティリティによる目録作成と関係しているとも考えられる。問1-3の目録作成業務に関わる職員数の回答を見ると、委託・派遣の職員数が多いのは大学図書館ではあるが、外部委託という形では表れなかった。

なお、前回調査では、委託状況については調査されなかった。

過去の調査では、1981年調査で初めて「整理業務の委託」について質問している。そのときは「整理業務を委託していますか」と質問し、「はい」の場合は分野や委託先を具体的に問う記述形式であった。委託している図書館は、公共図書館303館24.8%、大学図書館81館10.1%、短大・高専図書館20館5.5%だった。

1989年調査では、「整理業務を外注していますか」と質問し、「はい」と回答した館にはさらに選択式で、どの種類の業務を委託しているかを質問している。外注していると答えた館は、公共図書館849館55.7%、大学図書館172館22.2%、短大・高専図書館36館9.2%で、いずれの館種でも、1981年に比べ大きく増加していた。

4-2 外部委託で目録作成を行う場合の作業の種類（複数回答可）

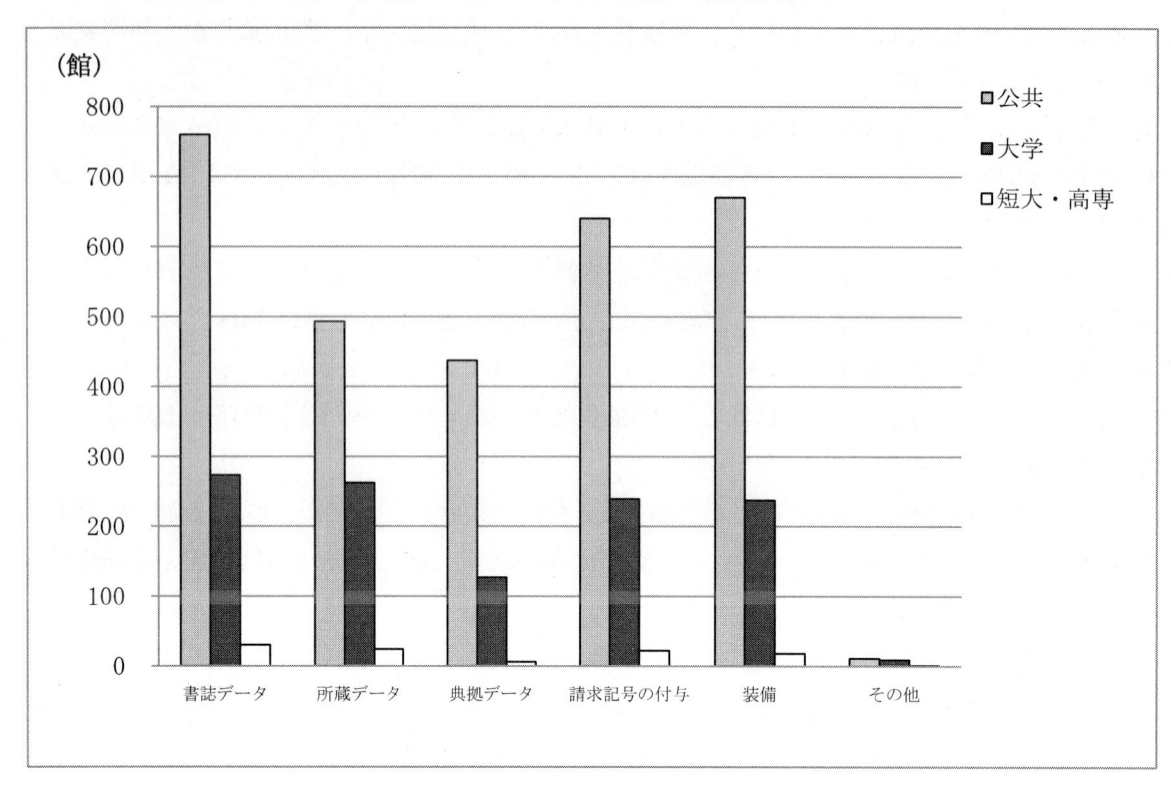

	書誌データ	所蔵データ	典拠データ	請求記号の付与	装備	その他	未回答館	回答館
都道府県立	35	18	20	17	29	1	4	38
市区立	498	346	300	419	437	6	49	504
町村立	227	129	117	204	204	4	66	233
公共計	760	493	437	640	670	11	119	775
国立大学	33	36	14	21	27	0	208	40
公立大学	21	19	11	22	22	1	71	28
私立大学	214	202	99	192	184	8	471	242
共同利用機関等	5	5	3	4	4	0	4	5
大学計	273	262	127	239	237	9	754	315
短大	28	22	5	21	17	1	120	36
高専	2	2	1	1	1	0	45	5
短大・高専計	30	24	6	22	18	1	165	41
合計	1,063	779	570	901	925	21	1,038	1,131

外部委託で行う作業の種類について、「書誌データの作成」、「所蔵データの作成」、「典拠データの作成」、「請求記号（分類を含む）の付与」、「装備」、「その他」の 6 つの選択肢から回答する方式で質問した（複数回答可）。

目録作成業務の中では、どの館種とも、書誌データの作成を委託するとした回答が一番多く、合計で 1,063 館に上る。これは、回答館（目録業務の外部委託を行っていると回答した館）全体の 94%に及ぶ。

公共図書館では、所蔵データの作成（493 館）よりも、請求記号の付与を選択して回答した館（640 館）が多かった。請求記号と装備を両方回答した館が 609 館あったことから、請求記号の付与と装備を同時に外部委託している館が多いことがうかがえる。

また、公共図書館では典拠データの作成を回答する館の割合が高かった。大学・短大・高専図書館で典拠データを回答した館が回答館全体の 14.5%であったのに対して、公共図書館は回答館全体の 56.4%であった。公共図書館では典拠データを含めた MARC 購入を行っている館が多いものと推測できる（問 3-2 を参照）。

装備については、全体の 81.8%の館が外部委託しているが、書誌データの作成よりも割合が低かった。

「その他」に記述があった回答では、冊子体目録の電子化、書誌調整、図書台帳等の帳票の作成などがあったが、大きな特徴は見受けられなかった。

なお、この項目は、1981 年調査、1989 年調査ともに、選択肢の項目に相違があるので、一概に変化を論じることはできない。

5 現在利用者に提供している目録の種類（複数回答可）

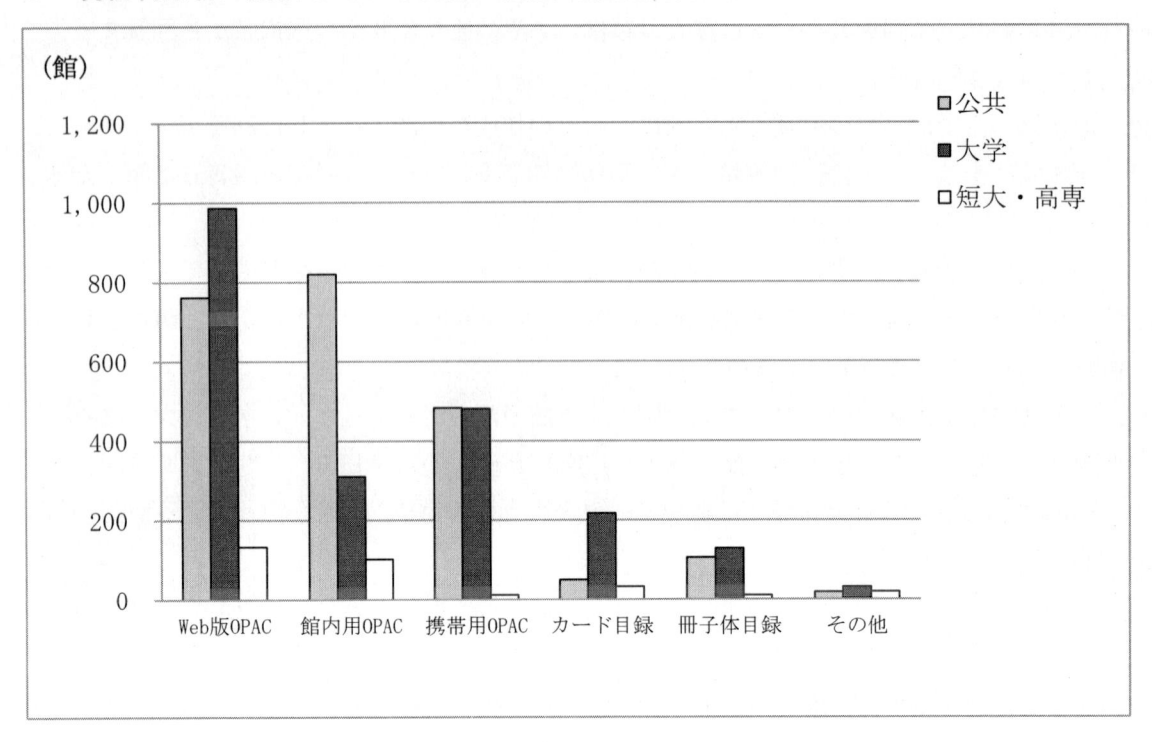

	Web版 OPAC	館内用 OPAC	携帯用 OPAC	カード目録	冊子体目録	その他	未回答館	回答館
都道府県立	42	39	39	9	20	2	0	42
市区立	511	528	346	28	71	7	1	552
町村立	209	253	98	13	15	10	4	295
公共計	762	820	483	50	106	19	5	889
国立大学	247	25	178	100	45	6	0	248
公立大学	95	29	44	7	6	4	0	99
私立大学	635	254	257	109	77	22	4	709
共同利用機関等	9	2	2	1	1	0	0	9
大学計	986	310	481	217	129	32	4	1,065
短大	84	88	12	30	10	18	0	156
高専	49	14	0	3	1	2	0	50
短大・高専計	133	102	12	33	11	20	0	206
合計	1,881	1,232	976	300	246	71	9	2,160

「Web 版利用者用オンライン検索目録（OPAC）」、「館内用 OPAC（館内でのみ使用されるシステム）」、「携帯電話用 OPAC」、「カード目録」、「冊子体目録」、「その他」の 6 つの選択肢から回答する方法で質問した。

公共図書館は、Web 版 OPAC 85.7%、館内用 OPAC 92.2%、携帯電話用 OPAC 54.3%、カード目録 5.6%、冊子体目録 11.9%であった。

大学図書館は、Web 版 OPAC 92.6%、館内用 OPAC 29.1%、携帯電話用 OPAC 45.2%、カード目録 20.4%、冊子体目録 12.1%であった。

短大・高専図書館は、Web 版 OPAC 64.6%、館内用 OPAC 49.5%、携帯電話用 OPAC 5.8%、カード目録 16.0%、冊子体目録 5.3%であった。

全体数で見ると、カード目録は 13.9%、冊子体目録は 11.4%の館が、今でも利用者に提供しているとの結果になった。

回答欄の「館内用 OPAC」の選択肢には（館内でのみ使用されるシステム）との補足説明を付けた。公共図書館では、館内用 OPAC を選択して回答した館が多かったのに対して、大学図書館では少なかった。公共図書館では Web 版 OPAC とは別個のシステムで館内 OPAC を運用し、大学図書館では館内でも Web 版 OPAC と同一のものを使用しているからと考えられよう。

携帯電話用 OPAC は、大学図書館よりも公共図書館の割合の方が高く、カード目録の提供は大学図書館の方が高かった。

「その他」の回答には、「表計算ソフトでのデータの提供」、「特殊言語や特定の資料のみカードや冊子体で提供」といった回答があった。なお、「その他」を選択し、目録を提供していないと記述回答した館もあったが、それについては「その他」のカウントから外してある。

前回調査では、「カード目録」、「印刷冊子体目録」、「コンピュータ直接打出目録」、「オンライン検索目録（OPAC）」、「CD-ROM 目録」、「その他」という選択肢から回答する方式だった。これによれば、公共図書館は、OPAC 58.4%、カード目録 34.7%、印刷冊子体 12.8%、打出 31.0%だった。大学図書館は、OPAC 76.4%、カード目録 73.8%、印刷冊子体 25.3%、打出 12.9%だった。短大・高専図書館は、OPAC 40.4%、カード目録 74.3%、印刷冊子体 11.8%、打出 21.1%だった。

前回調査に比べ、カード目録が大きく減少しているが、前回の 1997 年当時は、OPAC とカード目録を並存させている館が多かったのに対して、今回は、カード目録の維持提供を廃止した館が多くなったことがうかがえる。

6 OPAC
6-1a) OPAC の開始時期

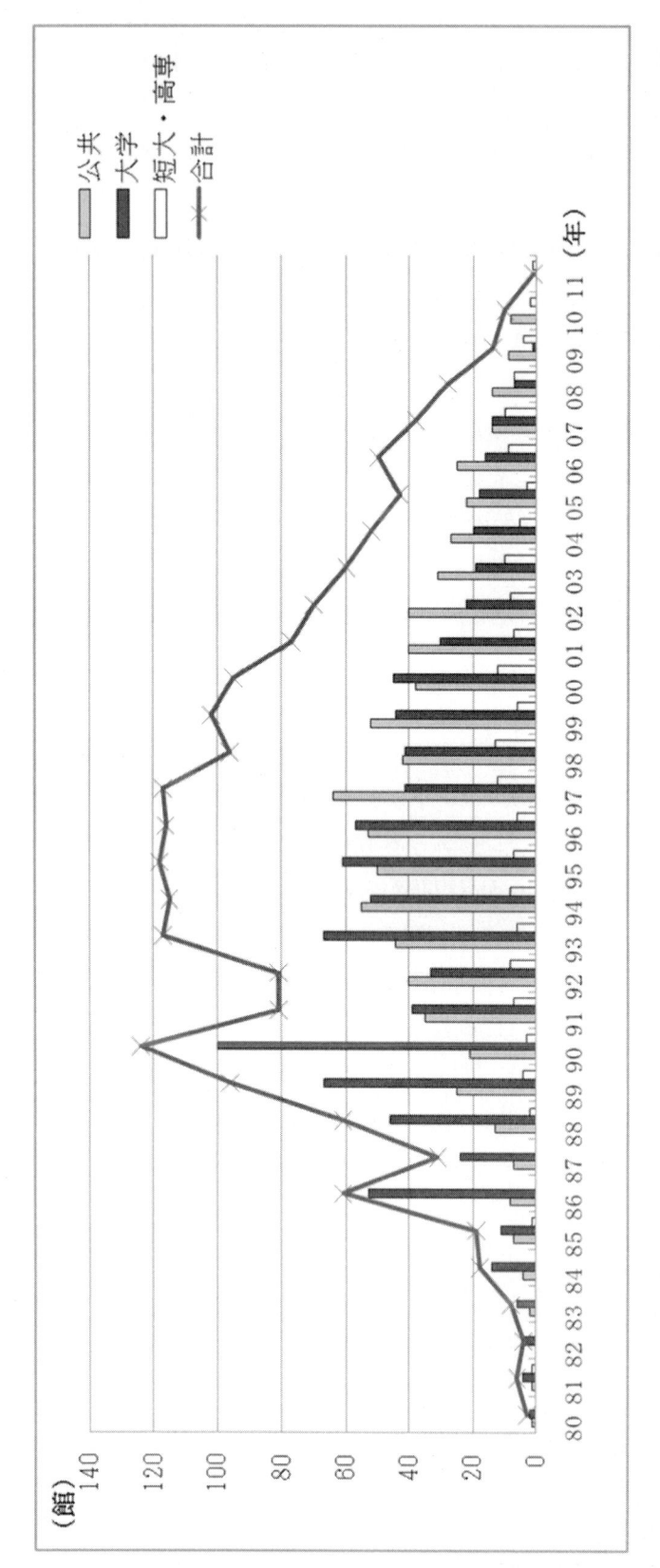

	80	81	82	83	84	85	86	87	88	89	90	91	92	93	94	95	96	97	98	99	00	01	02	03	04	05	06	07	08	09	10	11	合計	未回答館
都道府県立	0	0	0	0	0	1	0	0	2	1	4	1	3	5	6	3	4	4	1	2	1	1	0	2	0	0	0	0	0	0	0	0	41	1
市区立	1	1	0	2	4	5	8	7	10	23	16	27	32	29	35	30	34	38	24	26	19	27	23	15	15	11	16	9	10	4	6	0	507	46
町村立	0	0	0	0	0	1	0	1	1	1	1	7	10	10	14	17	15	22	17	24	18	12	17	14	12	11	9	5	4	5	2	0	244	55
公共計	1	1	0	2	4	7	8	7	13	25	21	35	40	44	55	50	53	64	42	52	38	40	40	31	27	22	25	14	14	9	8	0	792	102
国立大学	1	0	0	4	4	4	47	15	25	29	53	17	10	6	1	11	1	3	0	1	3	1	2	0	0	3	1	0	0	0	0	0	238	10
公立大学	0	0	0	0	0	0	0	0	0	2	5	1	12	6	10	6	6	3	8	9	5	3	3	3	5	3	1	2	0	1	0	0	87	12
私立大学	1	3	3	2	10	7	6	8	21	36	42	21	22	49	43	40	49	38	33	34	37	27	16	16	15	14	14	12	7	1	0	0	627	86
共同利用機関	0	0	1	0	0	0	0	1	0	0	0	0	0	0	0	1	1	0	0	0	0	1	1	0	0	0	0	0	0	0	0	0	6	3
大学計	2	4	4	6	14	11	53	24	46	67	100	39	33	67	52	61	57	41	41	44	45	30	22	19	20	18	16	14	7	1	0	0	958	111
短大	0	1	0	0	0	1	0	0	1	3	1	4	7	5	4	5	4	7	5	5	10	6	6	8	3	3	8	9	6	4	2	1	119	37
高専	0	0	0	0	0	0	0	0	1	1	2	3	1	1	2	2	2	5	8	1	2	1	2	2	2	0	1	1	1	0	0	0	43	7
短大・高専計	0	1	0	0	0	1	0	0	2	4	3	7	8	6	6	7	6	12	13	6	12	7	8	10	5	3	9	10	7	4	2	1	162	44
合計	3	6	4	8	18	19	61	31	61	96	124	81	81	117	113	118	116	117	96	102	95	77	70	60	52	43	50	38	28	14	10	1	1,912	257

図書館でOPACをいつから提供し始めたか質問した。

1980年代後半に第1次普及期があり、1990年には1年間で100館以上がOPACの提供を開始している。その後2000年まで80館以上の提供開始が続いており、2004年までに9割を超える館が提供を開始している。調査を実施した2010年に提供を開始した館は10館にとどまり、OPACの整備はほぼ完了したと考えられる。

公共図書館では、1997年にピークを迎え、2005年までに9割を超える館が提供を開始している。なお、前回調査は中央館と分館のそれぞれを集計対象としていたが、今回調査は自治体単位で集計を行った。合計数が前回調査より少なくなっているのは、そのためと考えられる。

大学図書館では、1990年にピークを迎え、2002年までに9割を超える館が提供を開始している。

一方、短大・高専図書館では、ごく一部を除き1988年から提供が開始され、大きな変化はなく開始が続いている。

6-1b) Web版OPACの開始時期

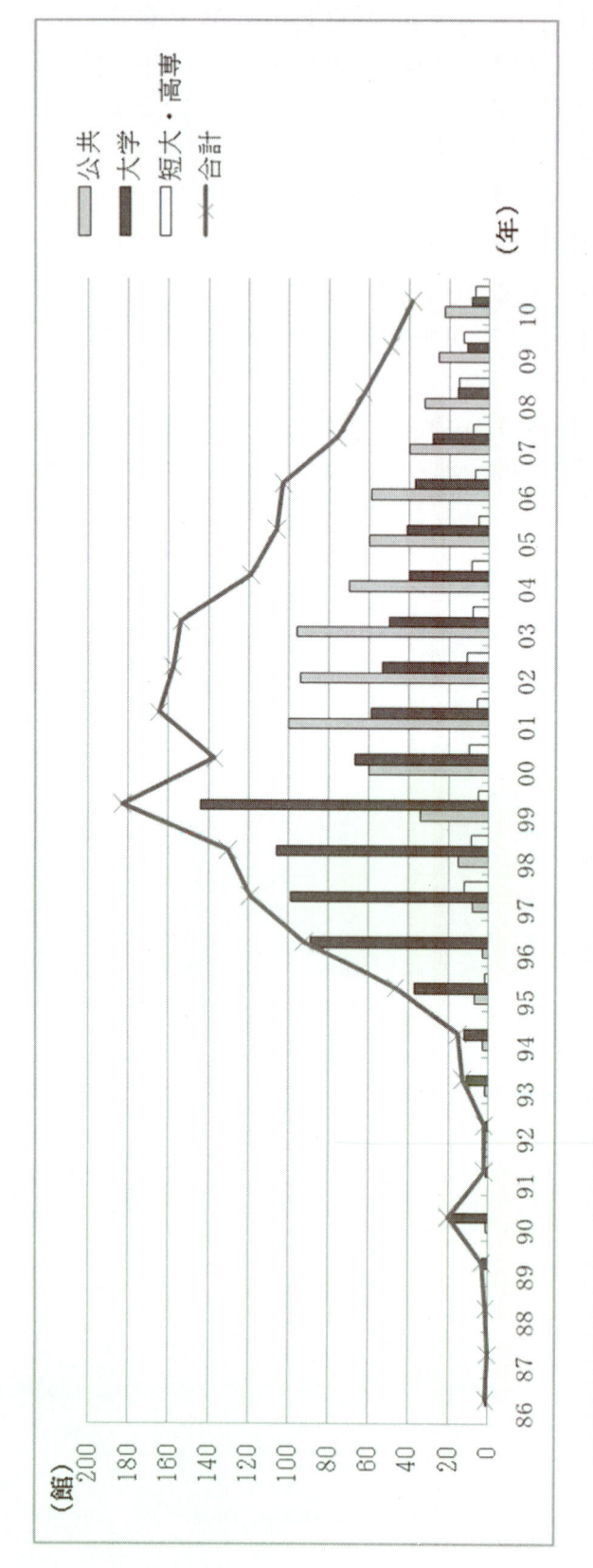

	86	87	88	89	90	91	92	93	94	95	96	97	98	99	00	01	02	03	04	05	06	07	08	09	10	合計	未回答館
都道府県立	0	0	0	0	0	0	0	0	0	0	2	2	6	8	6	8	3	3	1	3	0	0	0	0	0	42	0
市区立	0	0	0	0	1	0	0	1	2	5	0	5	5	20	44	68	69	68	45	41	39	26	22	13	15	489	66
町村立	0	0	0	0	1	0	1	1	1	1	1	1	4	6	10	24	22	25	24	16	20	14	10	12	7	201	98
公共計	0	0	0	0	2	0	1	2	3	7	3	8	15	34	60	100	94	96	70	60	59	40	32	25	22	732	164
国立大学	1	0	1	2	0	0	1	3	7	21	45	43	46	44	8	2	4	1	0	2	1	0	1	0	0	235	13
公立大学	0	0	0	0	1	0	0	0	2	4	4	5	8	6	11	6	3	7	8	4	3	10	0	1	3	85	14
私立大学	0	0	0	1	16	0	0	8	2	12	40	49	52	93	48	51	45	42	32	35	33	18	15	10	6	608	105
共同利用機関	0	0	0	0	1	1	0	0	0	0	0	2	0	1	0	0	1	0	0	0	0	0	0	0	0	7	2
大学計	1	0	1	3	19	1	1	11	12	37	89	99	106	144	67	59	53	50	40	41	37	28	16	11	9	935	134
短大	0	0	0	0	0	0	0	0	0	2	0	6	2	1	6	5	9	7	4	3	5	3	12	10	7	82	74
高専	0	0	0	0	0	1	0	0	0	0	1	0	7	4	4	2	2	1	5	2	2	5	3	3	0	46	4
短大・高専計	0	0	0	0	0	1	0	0	0	2	1	6	9	5	10	6	11	8	9	5	7	8	15	13	7	128	78
合計	1	0	1	3	20	2	2	13	15	46	92	119	130	183	137	165	158	154	119	106	103	76	63	49	38	1,795	376

OPACの中でもインターネット技術の活用を象徴するWeb版OPACをいつから提供し始めたか質問した。OPAC開始年とあわせて質問したもので、今回調査で新たに設定した質問である。

　1995年に大きな増加を見せ始め、1999年にピークを迎え1年間で183館がWeb版OPACの提供を開始している。その前後1997年から2006年まで毎年100館以上の提供開始が続いており、2007年までに9割を超える館が提供を開始している。調査を実施した2010年に提供を開始したのは38館にとどまり、Web版OPACの整備はほぼ完了したと考えられる。

　公共図書館では、2001年にピークを迎え、2008年までに9割を超える館が提供を開始している。

　大学図書館では、1999年にピークを迎え、2006年までに9割を超える館が提供を開始している。

　一方、短大・高専図書館では、ごく一部を除き1997年から提供が開始され、大きな変化はなく提供開始が続いている。

　OPAC、Web版OPAC共に未回答館が多い。OPACを提供していると回答している館（問5を参照）であっても、両方の開始年について、公共図書館37館、大学図書館48館、短大・高専図書館13館が未回答であった。

6-2 図書館内に設置された主にOPACに使っている利用者端末台数

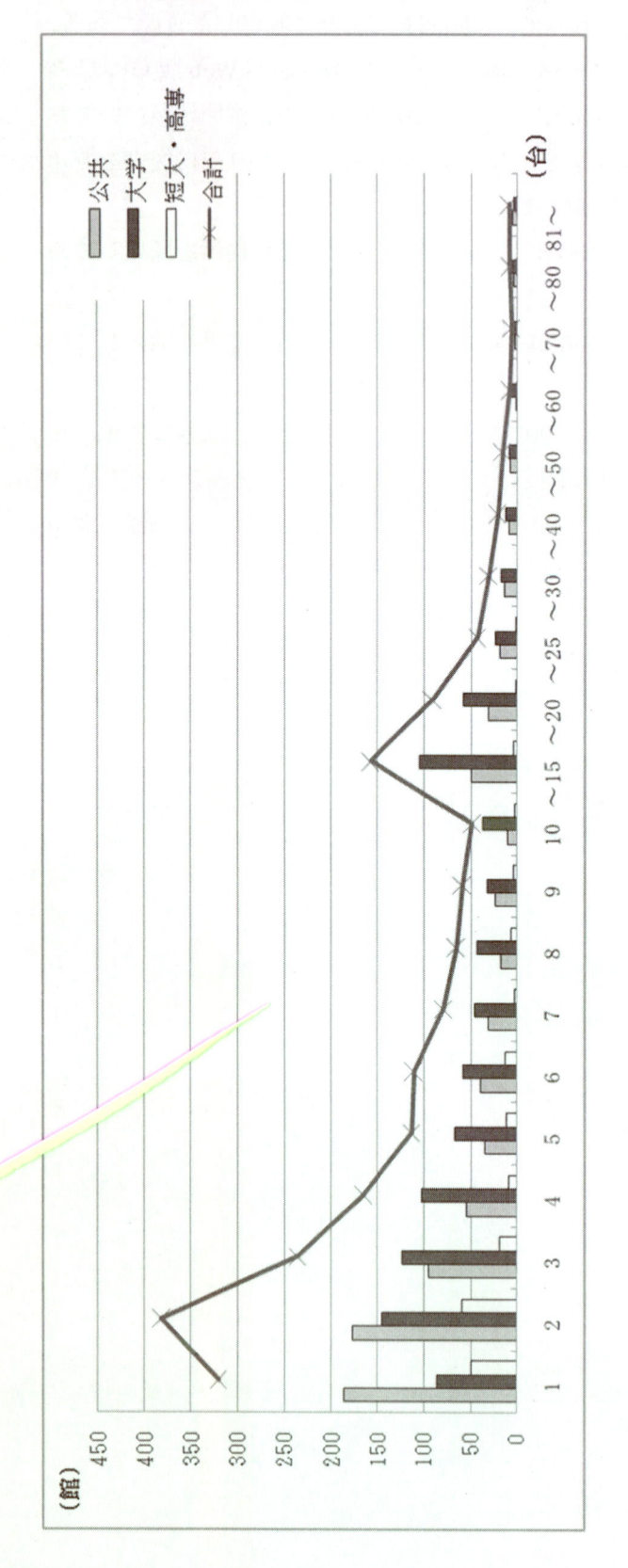

	1	2	3	4	5	6	7	8	9	~10	~15	~20	~25	~30	~40	~50	~60	~70	~80	81~	未回答館
都道府県立	0	0	0	2	3	5	2	2	2	2	9	4	4	2	2	0	0	0	0	0	1
市区立	63	98	75	38	25	32	28	13	20	8	41	27	14	11	6	7	1	2	3	5	34
町村立	123	80	19	15	7	3	1	2	0	0	0	0	0	0	0	0	0	0	2	0	44
公共計	186	178	94	55	35	40	31	17	24	10	50	31	18	13	8	7	1	2	3	5	79
国立大学	30	35	34	27	11	18	12	12	6	8	18	8	6	2	1	1	0	0	0	1	12
公立大学	7	17	10	8	8	13	4	5	3	1	7	5	3	1	1	1	0	0	5	4	3
私立大学	49	90	78	67	48	28	29	24	22	28	79	45	15	15	10	7	6	4	5	3	49
共同利用機関	0	3	1	0	0	0	0	2	1	0	0	1	0	0	0	0	0	0	0	0	0
大学計	86	145	123	102	67	59	46	43	32	37	104	59	24	18	13	9	7	4	5	4	64
短大	36	43	16	6	7	10	2	4	3	1	3	0	1	0	0	0	0	0	0	1	23
高専	13	17	3	3	4	2	0	2	0	2	1	1	0	0	0	0	0	0	0	0	2
短大・高専計	49	60	19	9	11	12	2	6	4	2	4	1	1	0	0	0	0	0	0	1	25
合計	321	383	236	166	113	111	79	66	60	49	158	91	43	31	21	16	8	6	8	9	168

図書館にどれだけの利用者端末が用意されているか質問した。
　前回調査では1台の図書館が最も多かったが、今回調査では2台の図書館が最も多い。また、1～2台を設置している図書館が、前回調査は61.1%（回答数2,168館に対し1,325館）であったのに対し、今回調査は35.9%（回答数1,975館に対し704館）と減少している。さらに、前回調査では大学図書館の7館のみであった51台以上が、今回調査では31館となっており、全体的にグラフが大きく右側にシフトしている。
　公共図書館では、前回調査同様、1台のみの設置が最も多い。1～2台の占める割合は45%（前回調査74%）だが、3～5台を設置している図書館が全体の22.7%（前回調査18.3%）、6～10台が15.1%（前回調査6.1%）となっている。前回調査では0館であった51台以上も11館あり、前回調査が本館と分館のそれぞれを調査対象としていたことを考慮しても増加傾向にあるといえるであろう。
　大学図書館では、1～2台が23.4%（前回調査32.5%）、3～5台が29.6%（前回調査28.0%）、6～10台が22%（前回調査19.3%）となっている。また、前回調査では100館であった11台以上設置している大学図書館が247館あり、前回調査では7館であった51台以上も20館となっており、大幅な増加傾向にあるといえる。
　短大・高専図書館では、1～2台が60.6%（前回調査71.1%）、3～5台が21.7%（前回調査22.2%）、6～10台が14.4%（前回調査6%）となっており、全体的には増加傾向にあるといえる。

6-3 図書館内に設置された利用者用端末でのOPACの入力手段 （複数回答可）

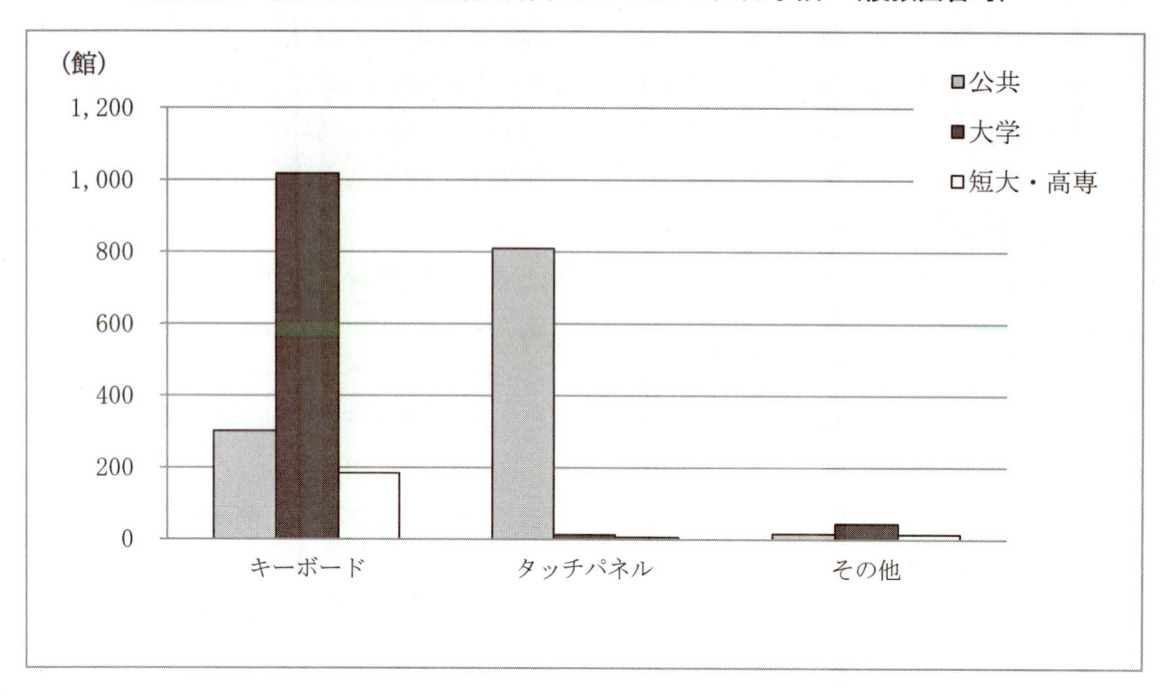

	キーボード	タッチパネル	その他	未回答館	OPAC提供館
都道府県立	40	39	2	0	42
市区立	212	525	9	10	540
町村立	50	245	5	23	264
公共計	302	809	16	33	846
国立大学	245	1	29	1	247
公立大学	99	5	2	0	98
私立大学	665	7	13	24	682
共同利用機関	9	0	0	0	9
大学計	1,018	13	44	25	1,036
短大	135	5	10	15	139
高専	49	1	4	0	49
短大・高専計	184	6	14	15	188
合計	1,504	828	74	73	2,070

OPACの利用者に対して、どのような入力手段が用意されているかとの質問である。

なお、前回調査で区別していたタッチパネルとタッチスクリーンを区別せずに「タッチパネル」に統一した。また、ペン入力は選択肢として提供しなかった。

公共図書館では、タッチパネルによる入力方法が95.6%とほとんどの図書館で提供されている。また、キーボードによる入力方式が前回調査（17.9%）に比べると、35.7%と増加している。

大学図書館と短大・高専図書館では、前回調査と同様にキーボードによる入力が9割以上を占めており変化は見られない。

その他の入力方式としては、マウス、ソフトウェアキーボードなどが多く挙げられている。なお、ペン入力をその他の入力方式として回答した館はなかった。

6-4 OPAC の検索方式（複数回答可）

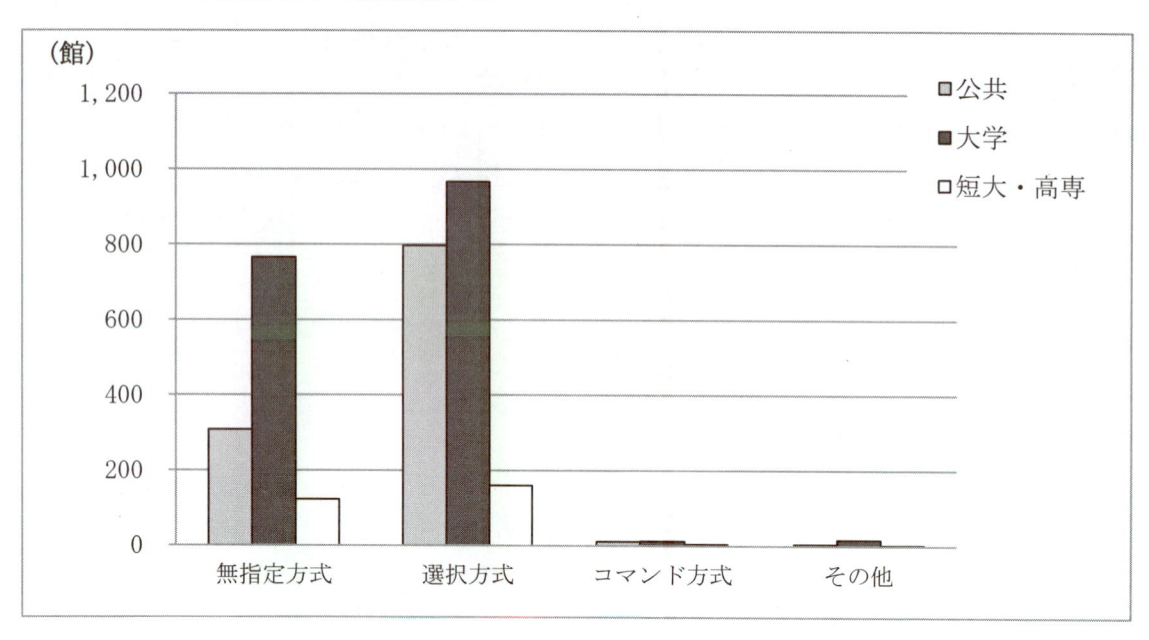

	無指定方式	選択方式	コマンド方式	その他	分からない	未回答館	OPAC提供館
都道府県立	19	41	0	1	0	0	42
市区立	202	510	11	2	0	11	540
町村立	87	246	0	1	3	4	264
公共計	308	797	11	4	3	15	846
国立大学	219	241	2	0	0	1	247
公立大学	65	98	1	2	0	0	98
私立大学	478	619	9	14	1	23	682
共同利用機関	4	9	0	0	0	0	9
大学計	766	967	12	16	1	24	1,036
短大	99	114	3	1	1	14	139
高専	23	45	1	1	0	0	49
短大・高専計	122	159	4	2	1	14	188
合計	1,196	1,923	27	22	5	53	2,070

OPACの利用者に対して、どのような検索方式が用意されているかとの質問である。

無指定方式とは検索項目を意識せずに検索語を入力する方式であり、選択方式とは検索したい項目を指定して検索語を入力する方式である。なお、前回調査で区別していたメニュー方式と画面埋込方式を区別せず「選択方式」に統一した。

無指定方式はOPAC提供館の57.8%（前回調査9%）を占めており、館種を問わず大幅に増加している。近年のWeb検索システムで主流を占めるこの方式を参考にしていることが推測できる。特に、大学図書館では73.9%、短大・高専図書館では64.9%と高い比率を示している。公共図書館については36.4%であるが、前回調査の16館（1.2%）に比べると大幅に増加している。

選択方式は、前回調査と選択肢が変更されたため単純な比較はできないが、前回調査と同様に館種を問わず多くの館で提供している（公共図書館94.2%、大学図書館93.3%、短大・高専図書館84.6%）。

なお、前回調査で275館が提供していたコマンド方式は、大きく減少している。

6-5 OPACが備えている検索補助機能（複数回答可）

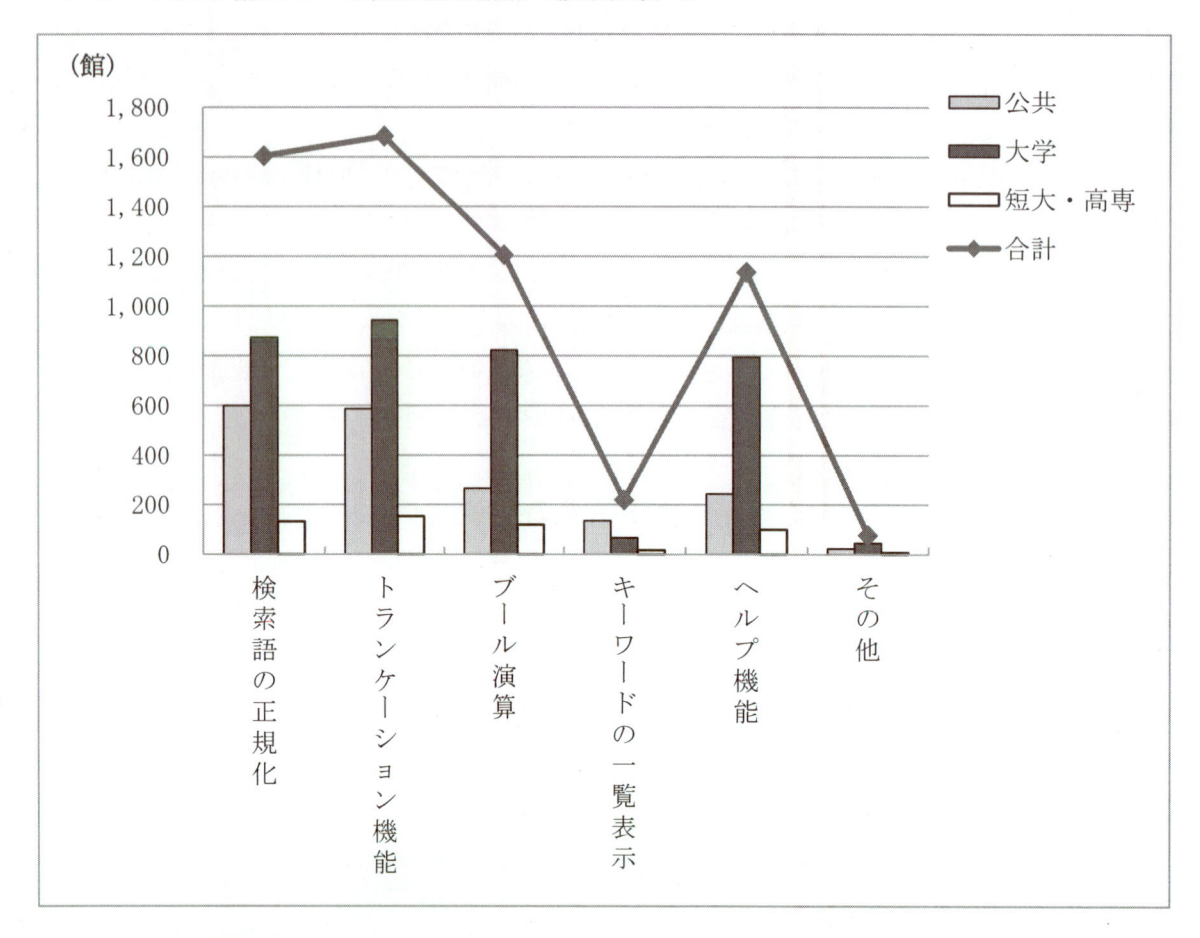

グラフ：横軸項目＝検索語の正規化、トランケーション機能、ブール演算、キーワードの一覧表示、ヘルプ機能、その他／系列＝公共、大学、短大・高専、合計

	OPAC提供館	検索語の正規化	トランケーション機能	ブール演算	キーワードの一覧表示	ヘルプ機能	その他	分からない	未回答館
都道府県立	42	39	40	31	1	31	0	0	0
市区立	540	400	378	195	84	163	19	18	11
町村立	264	160	168	39	50	49	4	22	24
公共計	846	599	586	265	135	243	23	40	35
国立大学	247	242	245	239	7	239	10	0	1
公立大学	98	87	90	85	8	77	9	1	0
私立大学	682	538	601	490	52	472	47	10	24
共同利用機関	9	7	8	8	0	6	0	0	0
大学計	1,036	874	944	822	67	794	46	11	25
短大	139	90	111	77	12	65	6	7	14
高専	49	42	42	42	5	35	2	1	0
短大・高専計	188	132	153	119	17	100	8	8	14
合計	2,070	1,605	1,683	1,206	219	1,137	77	59	74

【OPAC提供館数に占める割合】

	検索語の正規化	トランケーション機能	ブール演算	キーワードの一覧表示	ヘルプ機能	その他	分からない	未回答館
公共	70.8%	69.3%	31.3%	16.0%	28.7%	2.7%	4.7%	4.1%
大学	84.4%	91.1%	79.3%	6.5%	76.6%	4.4%	1.1%	2.4%
短大・高専	70.2%	81.4%	63.3%	9.0%	53.2%	4.3%	4.3%	7.4%
合計	77.5%	81.3%	58.3%	10.6%	54.9%	3.7%	2.9%	3.6%

　検索語の入力に関して、OPACシステムがどのような補助機能を有するかについて質問した。

　今回調査では、前回調査で回答数の少なかった「分類件名対応表」、「シソーラス利用」、「近接演算子」を質問項目から除外した。前回調査と比較すると、ほぼ全ての項目で提供の割合が増加していたが、「キーワードの一覧表示」だけは、前回調査の「索引一覧」（23.1%）から減少していた。

　公共図書館では、「検索語の正規化」（70.8%）、「トランケーション機能」（69.3%）は多くの館で提供されているが、「ヘルプ機能」（28.7%）、「ブール演算」（31.3%）については3割程度にとどまっている。

　大学図書館の多くは「トランケーション機能」（91.1%）、「検索語の正規化」（84.4%）、「ブール演算」（79.3%）、「ヘルプ機能」（76.6%）を提供している。短大・高専図書館についても、多少割合は下がるが大学図書館と同様の傾向が見られた。

　「その他」の回答としては、公共図書館では児童用の検索画面、ソフトウェアキーボードの提供、分類記号やジャンルによる検索機能などが挙げられていた。大学図書館では分類記号・件名による検索、言語・和洋・資料区分・所蔵館などによる限定検索機能、電子ジャーナルへのリンク、検索履歴の保存、予約・取り寄せなどの他に、キーワードのサジェスト機能、ファセットによる絞込み、NACSIS Webcatとの横断検索なども挙げられており、従来のOPACには見られなかった新たな機能が提供され始めていることがうかがえる。

6-6 OPACの目録情報で検索のキーワードに利用できる要素（複数回答可）

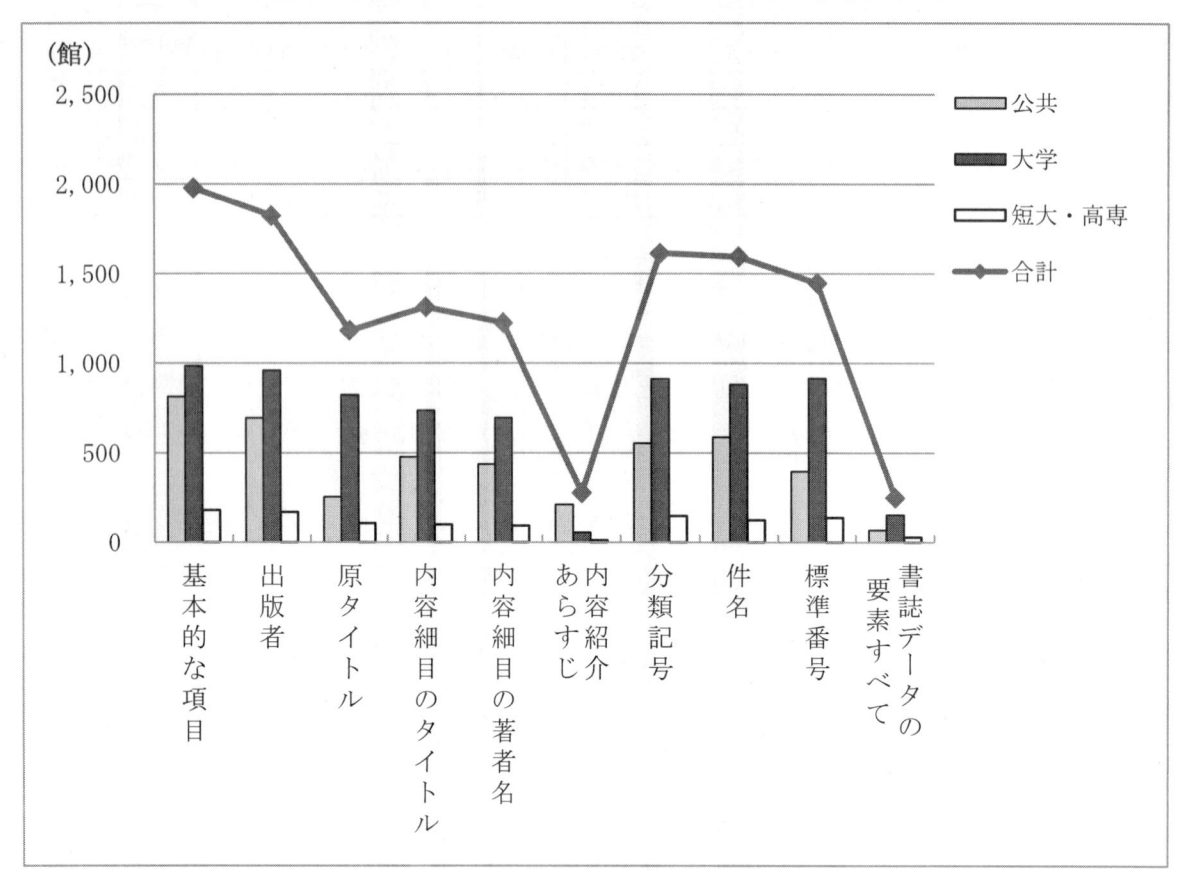

	OPAC提供館	基本的な項目	出版者	原タイトル	内容細目タイトル	内容細目の著者名	内容紹介あらすじ	分類記号	件名	標準番号	書誌データの要素全て	分からない	未回答館
都道府県立	42	42	42	31	37	38	20	37	42	38	6	0	0
市区立	540	514	454	177	323	301	136	366	386	264	45	1	0
町村立	264	258	199	45	118	99	54	151	160	93	17	1	23
公共計	846	814	695	253	478	438	210	554	588	395	68	2	23
国立大学	247	242	242	236	219	209	26	238	232	239	16	0	1
公立大学	98	98	96	83	67	65	7	89	87	95	15	0	0
私立大学	682	637	615	500	446	417	22	578	557	573	119	1	23
共同利用機関	9	8	7	5	5	5	0	8	6	8	2	0	0
大学計	1,036	985	960	824	737	696	55	913	882	915	152	1	24
短大	139	131	122	79	79	72	11	106	92	95	22	2	14
高専	49	48	46	27	20	21	0	41	32	42	6	0	0
短大・高専計	188	179	168	106	99	93	11	147	124	137	28	2	14
合計	2,070	1,978	1,823	1,183	1,314	1,227	276	1,614	1,594	1,447	248	5	61

【OPAC 提供館数に占める割合】

	基本的な項目	出版者	原タイトル	内容細目のタイトル	内容細目の著者名	内容紹介あらすじ	分類記号	件名	標準番号	書誌データの要素全て	分からない	未回答館
公共	96.2%	82.2%	29.9%	56.5%	51.8%	24.8%	65.5%	69.5%	46.7%	8.0%	0.2%	2.7%
大学	95.1%	92.7%	79.5%	71.1%	67.2%	5.3%	88.1%	85.1%	88.3%	14.7%	0.1%	2.3%
短大・高専	95.2%	89.4%	56.4%	52.7%	49.5%	5.9%	78.2%	66.0%	72.9%	14.9%	1.1%	7.4%
合計	95.6%	88.1%	57.1%	63.5%	59.3%	13.3%	78.0%	77.0%	69.9%	12.0%	0.2%	2.9%

　OPACで検索のキーワードに利用できる要素について質問した。

　今回調査では、前回調査で回答の多かった「著者名」、「書名」、「シリーズ名」を「基本的な項目」として一つにまとめた。さらに、絞込み項目と考えられる「出版年」を外し、「書誌データの要素すべて」という項目を加えた。

　前回調査と同一の項目については全て、提供館数に占める割合が増加していた。「基本的な項目（タイトル・著者名・シリーズ名）」と「出版者」については、館種の別なく、ほとんどの OPAC で検索可能となっている。今回新たに追加した「書誌データの要素すべて」については全体で 12%であった。

　一方、館種によって検索に利用できる要素に違いが見られた項目もあった。「原タイトル」は大学図書館では79.5%で提供されているが、短大・高専図書館では56.4%、公共図書館では29.9%、「標準番号」は大学図書館では 88.3%、短大・高専図書館では 72.9%の館で提供されているが、公共図書館では 46.7%となっている。逆に、「内容紹介」は公共図書館では 24.8%の館で提供されているが、大学図書館では 5.3%、短大・高専図書館では 5.9%とかなり低かった。内容紹介をデータとして持つ市販 MARC の利用率の高低を反映していると考えられる。

6-7 OPACで蔵書の書誌・所蔵データのほかに提供している情報（複数回答可）

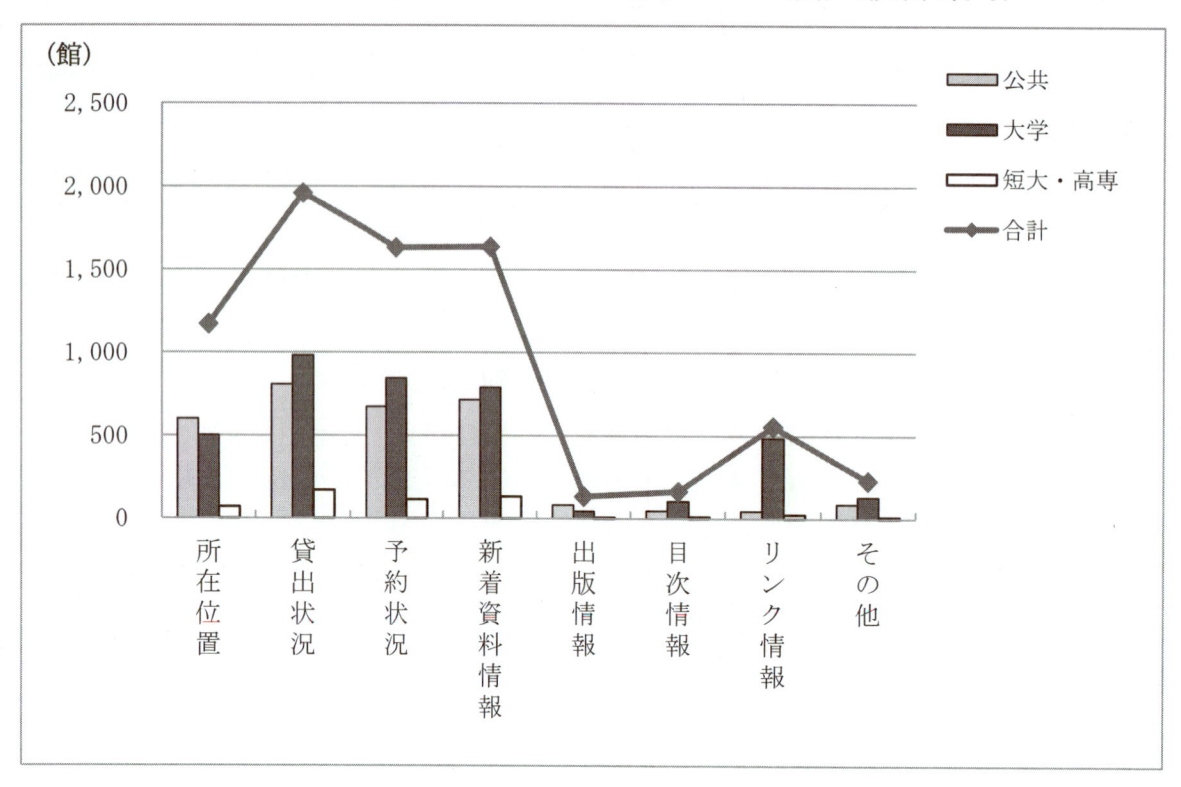

	OPAC提供館	所在位置	貸出状況	予約状況	新着資料情報	出版情報	目次情報	リンク情報	その他	分からない	未回答館
都道府県立	42	23	42	37	40	5	7	8	3	0	0
市区立	540	378	519	448	471	56	32	30	64	0	11
町村立	264	200	247	188	204	21	8	7	20	3	23
公共計	846	601	808	673	715	82	47	45	87	3	34
国立大学	247	128	239	229	207	7	31	206	33	0	2
公立大学	98	46	97	80	74	8	10	35	10	0	0
私立大学	682	324	637	530	503	29	64	241	87	4	25
共同利用機関	9	4	9	5	5	0	0	4	0	0	0
大学計	1,036	502	982	844	789	44	105	486	130	4	27
短大	139	56	121	87	89	5	11	22	9	1	15
高専	49	13	48	26	43	2	0	3	2	0	0
短大・高専計	188	69	169	113	132	7	11	25	11	1	15
合計	2,070	1,172	1,959	1,630	1,636	133	163	556	228	8	76

【OPAC提供館数に占める割合】

	所在位置	貸出状況	予約状況	新着資料情報	出版情報	目次情報	リンク情報	その他	分からない	未回答館
公共	71.0%	95.5%	79.6%	84.5%	9.7%	5.6%	5.3%	10.3%	0.4%	4.0%
大学	48.5%	94.8%	81.5%	76.2%	4.2%	10.1%	46.9%	12.5%	0.4%	2.6%
短大・高専	36.7%	89.9%	60.1%	70.2%	3.7%	5.9%	13.3%	5.9%	0.5%	8.0%
合計	56.6%	94.6%	78.7%	79.0%	6.4%	7.9%	26.9%	11.0%	0.4%	3.7%

OPACで蔵書の書誌・所蔵データのほかに提供している情報について質問した。

今回調査では、「逐次刊行物の所蔵巻号」については所蔵データと見なし、質問項目から除外した。

前回調査と比較すると、全ての項目で提供の割合に増加が見られた。「資料の貸出状況」はほとんどのOPACで提供されている。「予約状況」、「新着資料情報」についても、それぞれ全体で78.7%、79.0%と、高い割合で提供されるようになっている。「所在位置」については、公共図書館の71.0%で提供されているが、大学図書館では48.5%、短大・高専図書館では36.7%であった。「リンク情報」の提供は全体で26.9%と、前回調査の結果（0.5%）と比べて大きく増加した。特に大学図書館では46.9%と半数が提供するようになっており、これは電子ブックや電子ジャーナルのようなリソースの増加、あるいはリポジトリサービスの推進によるものと考えられる。

「その他」と回答されたものとして、公共図書館では「ベストリーダー」、「開館カレンダー」、「お知らせ」、「利用案内」、大学図書館では「表紙画像」、「雑誌最新号案内」、「逐次刊行物の特集記事情報」、「NACSIS WebcatPlus連携検索」、「ベストリーダー」などが挙げられていた。前回調査での分析と同様、公共図書館では利用案内等の情報までを含めて提供するシステムをOPACとしているのに反し、大学図書館等では利用案内を提供するホームページとOPACを別のシステムとして切り分けていることがうかがえる。

6-8 基本的な項目の検索以外に提供している機能（複数回答可）

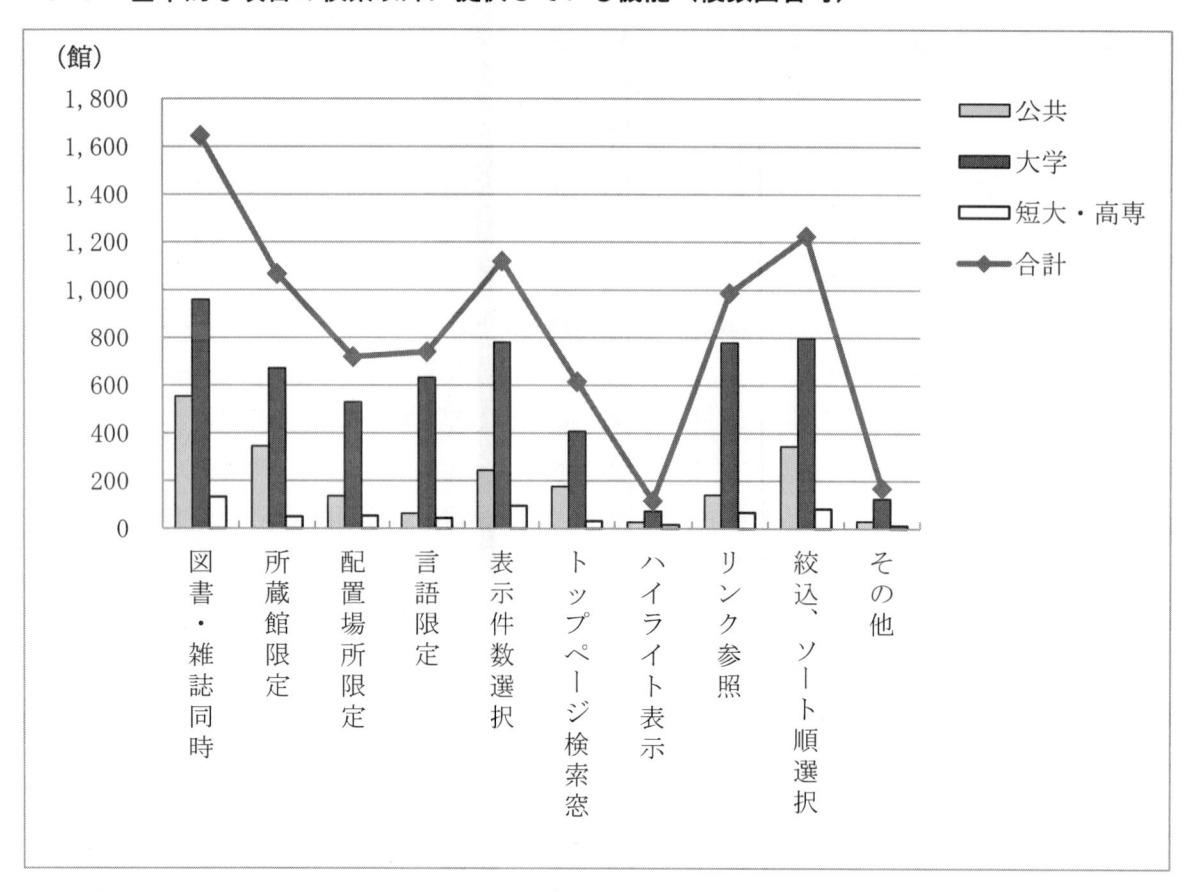

	図書・雑誌の同時検索	所蔵館を限定	配置場所を限定	特定言語の資料に限定	一覧画面の表示件数の選択	図書館トップページに検索窓配置	ヒット箇所のハイライト表示	詳細表示画面からのリンク参照	検索結果の絞込み、ソート順選択	その他	分からない	未回答館
都道府県立	37	15	14	14	16	16	2	16	28	3	0	0
市区立	368	283	93	41	175	121	20	102	250	18	3	16
町村立	149	48	29	8	55	39	5	23	68	10	17	30
公共計	554	346	136	63	246	176	27	141	346	31	20	46
国立大学	243	218	151	213	230	164	2	236	210	34	0	1
公立大学	94	62	42	53	71	34	13	74	76	12	0	0
私立大学	613	391	330	361	472	209	58	462	503	79	8	29
共同利用機関等	9	1	7	6	7	1	0	6	7	0	0	0
大学計	959	672	530	633	780	408	73	778	796	125	8	30
短大	94	39	45	23	56	19	15	38	71	10	9	14
高専	38	11	8	21	39	13	1	30	12	3	1	0
短大・高専計	132	50	53	44	95	32	16	68	83	13	10	14
合計	1,645	1,068	719	740	1,121	616	116	987	1,225	169	38	90

【OPAC提供館数に占める割合】

	図書・雑誌の同時検索	所蔵館を限定	配置場所を限定	特定言語の資料に限定	一覧画面の表示件数の選択	図書館トップページに検索窓配置	ヒット箇所のハイライト表示	詳細表示画面からのリンク参照	検索結果の絞込み、ソート順選択	その他	分からない	未回答館
公共	65.5%	40.9%	16.1%	7.4%	29.1%	20.8%	3.2%	16.7%	40.9%	3.7%	2.4%	5.4%
大学	92.6%	64.9%	51.2%	61.1%	75.3%	39.4%	7.0%	75.1%	76.8%	12.1%	0.8%	2.9%
短大・高専	70.2%	26.6%	28.2%	23.4%	50.5%	17.0%	8.5%	36.2%	44.1%	6.9%	5.3%	7.4%
合計	79.5%	51.6%	34.7%	35.7%	54.2%	29.8%	5.6%	47.7%	59.2%	8.2%	1.8%	4.3%

　問6-5に述べたOPACの「検索補助機能」について、前回調査では「シソーラス利用」、「近接演算」なども質問している。これらは、13年を経た現在も導入がほとんど進んでいない事項で、今回は質問対象としなかった。

　一方今回は、現在のOPACである程度の導入例があり有効と思われるが、未対応のシステムも少なくない機能を9項目選び、別途の質問事項として提供の有無を尋ねた。

　どの項目も、大学図書館、短大・高専図書館よりも公共図書館の提供の割合がかなり低い。「図書と雑誌の同時検索」（全館種合計で79.5%、以下同じ）のみが公共図書館でも6割を超え、館種を問わず提供が一般的になっているといえる。次いで、「検索結果の絞込み、ソート順の選択」（59.2%）、「所蔵館を限定」（51.6%）が公共図書館で4割に達し、比較的提供が進んでいる。「一覧画面の表示件数の選択」（54.2%）、「詳細表示画面からのリンク」（47.7%）、「特定言語の資料に限定」（35.7%）は大学図書館では6～7割台だが、公共図書館における提供率が低く、館種による差が大きい項目である。なお、「その他」では、貸出・予約ランキングなど、問6-5と共通の回答も見られた。

　これらを機能面から分類すると、「所蔵館を限定」、「配置場所を限定」（34.7%）、「特定言語の資料に限定」はいずれも検索範囲の限定に関わる項目である。大学図書館ではいずれも5割を超えているが、公共図書館では「配置場所」、「言語」の割合が非常に低い。

　「検索結果の絞込み、ソート順の選択」と「一覧画面の表示件数の選択」は、いずれも結果一覧画面の制御に関わる項目である。大学図書館では両者とも約75%だが、公共図書館では「絞込み、ソート」の提供率が40.9%あるのに対して、「表示件数」の提供率は29.1%と低い。また、結果一覧・詳細画面で入力キーワードとマッチした箇所を明示する「ハイライト表示」（5.6%）は一部のシステムでの提供にとどまり、低率である。

　表示された書誌レコード中の著者・シリーズ等から同一の値をもつレコードの一覧に導く「詳細表示画面からのリンク」は、ウェブ環境での基本的なナビゲーション機能であるが、大学図書館での提供率が75.1%あるのに対して、公共図書館での提供率は16.7%と著しく低い。

　簡易な検索ならば図書館トップページから行えるようにする「図書館トップページに検索窓」（29.8%）は、大学図書館でも4割弱で、館種を問わずまだ一般的になってはいない。

6-9　検索結果の上限件数と超えた際の措置

	上限なし	上限件数まで出力	エラーメッセージのみ	分からない	未回答館
都道府県立	12	22	9	1	0
市区立	156	288	59	31	11
町村立	80	126	20	32	23
公共計	248	436	88	64	34
国立大学	77	154	19	4	1
公立大学	49	32	9	8	0
私立大学	303	268	62	32	25
共同利用機関等	3	4	1	1	0
大学計	432	458	91	45	26
短大	73	41	6	15	14
高専	12	35	1	2	0
短大・高専計	85	76	7	17	14
合計	765	970	186	126	74

【回答館に占める割合】

	上限なし	上限件数まで出力	エラーメッセージのみ	分からない
公共	32.1%	56.5%	11.4%	8.3%
大学	44.0%	46.7%	9.3%	4.6%
短大・高専	50.6%	45.2%	4.2%	10.1%
合計	39.8%	50.5%	9.7%	6.6%

【上限件数】

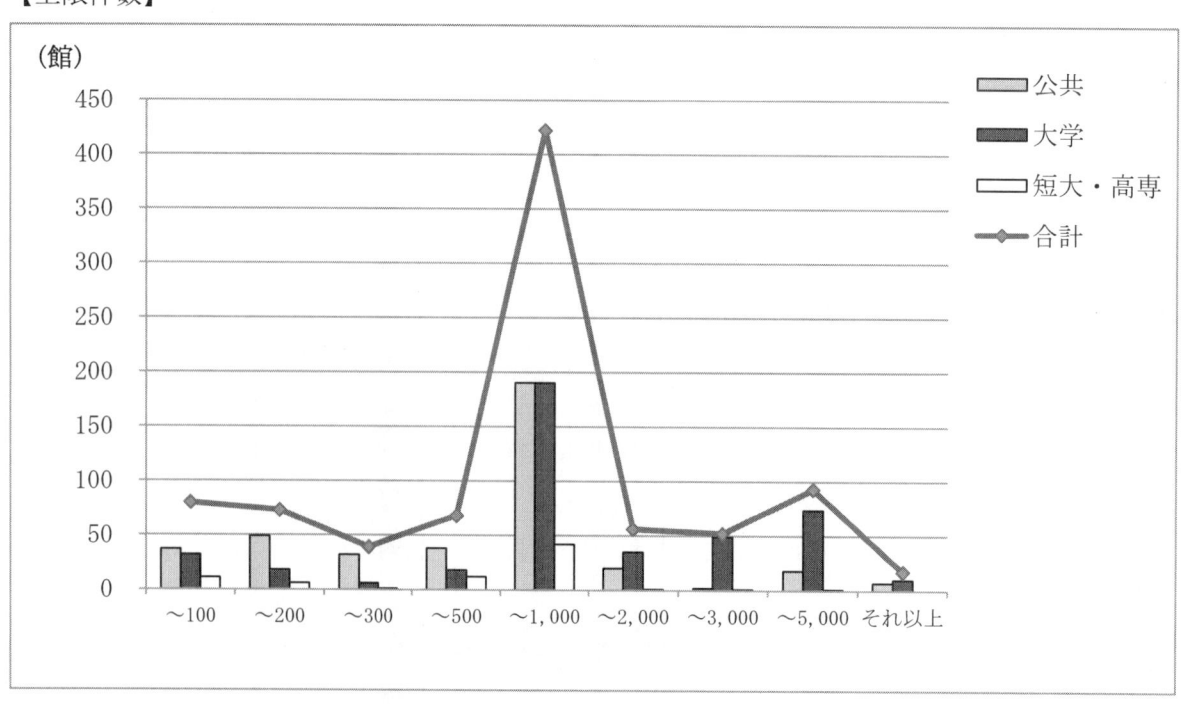

遡及入力の進展や検索対象項目の増加、検索機能の向上（部分一致検索など）により、比較的一般的な語で検索すると非常に多くのレコードがヒットするOPACが増えている。そうした検索要求をどのように扱っているかを尋ねた。前回調査にはなかった新たな質問項目である。

　検索結果件数の上限はない（無制限）という回答が39.8%あった。大学図書館で44.0%、公共図書館で32.1%と、館種による差はそれほどない。上限が存在するとの回答は60.2%で、その際の動作は「上限件数まで出力」が50.5%、「エラーメッセージのみ」が9.7%であった。

　「上限件数まで出力」と答えた館にその件数を尋ね、905館より回答を得た。館種を問わず「1,000件」が最も多く、回答館の42.3%に及ぶ。しかし、それ以外の回答を見ると、公共図書館では200～500件が目立つのに対して、大学図書館では2,000～5,000件が多く、蔵書冊数を反映してか、館種による異なりが見られた。

6-10 OPACの利用者支援（複数回答可）

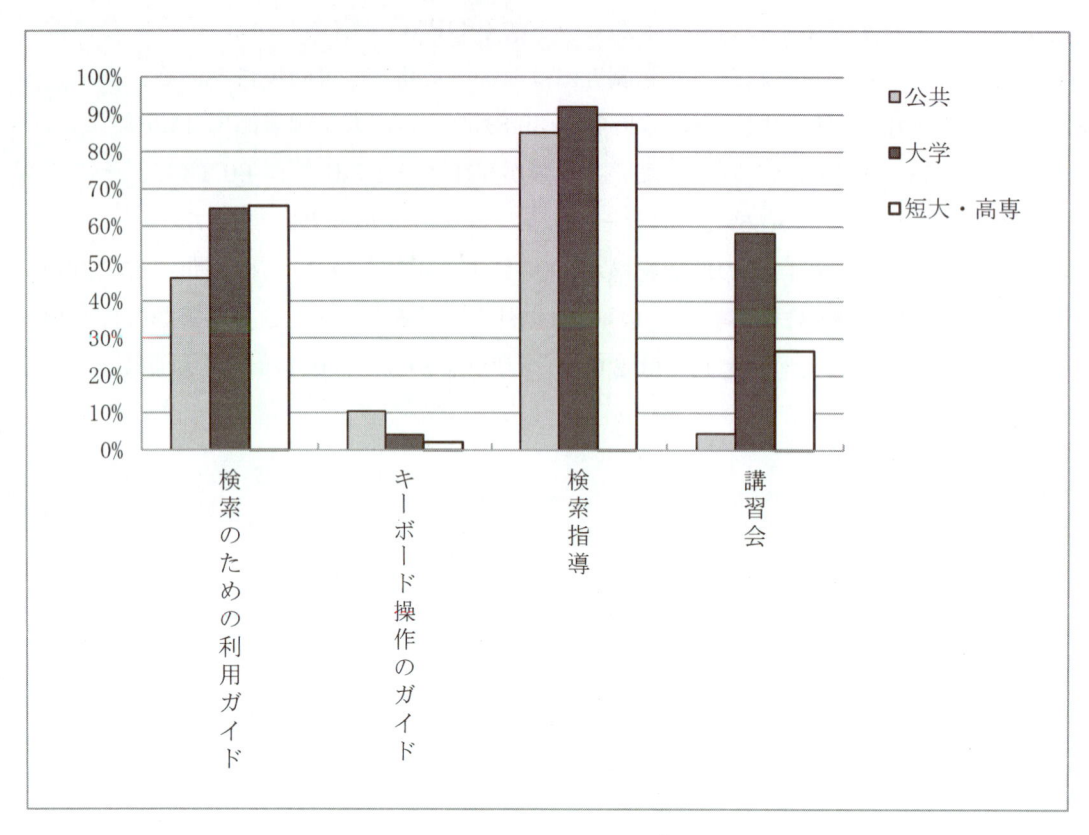

	検索のための利用ガイド	キーボード操作のガイド	検索指導	講習会	その他	分からない	未回答館
都道府県立	38	13	38	9	0	0	0
市区立	285	64	468	25	11	3	9
町村立	67	11	214	4	6	4	24
公共計	390	88	720	38	17	7	33
国立大学	153	7	235	148	23	0	1
公立大学	56	2	95	52	9	0	0
私立大学	459	34	614	402	80	0	22
共同利用機関等	2	0	9	0	1	0	0
大学計	670	43	953	602	113	0	23
短大	84	3	122	39	17	2	14
高専	39	1	42	11	4	1	0
短大・高専計	123	4	164	50	21	3	14
合計	1,183	135	1,837	690	151	10	70

【OPAC 提供館数に占める割合】

	検索のための利用ガイド	キーボード操作のガイド	検索指導	講習会	その他	分からない	未回答館
公共	46.1%	10.4%	85.1%	4.5%	2.0%	0.8%	3.9%
大学	64.7%	4.2%	92.0%	58.1%	10.9%	0.0%	2.2%
短大・高専	65.4%	2.1%	87.2%	26.6%	11.2%	1.6%	7.4%
合計	57.1%	6.5%	88.7%	33.3%	7.3%	0.5%	3.4%

　OPAC そのもののヘルプ画面機能（問 6-5 を参照）とは別に、利用ガイドの提供や利用指導の実施について尋ねた。前回調査でも質問した項目である。

　求めに応じた随時の「検索指導」は、前回調査でも 8 割以上の図書館で行われていたが、今回も公共図書館（85.1%）、大学図書館（92.0%）、短大・高専図書館（87.2%）といずれの館種でも高い値となっている。

　講習会の実施は、大学図書館（58.1%）、短大・高専図書館（26.6%）、公共図書館（4.5%）と館種による差がある。前回調査でも同様の傾向があったが、前回は大学図書館で 35.7%、短大・高専図書館で 19.6% であり、実施割合はかなり上がったといえる。

　「検索のための利用ガイド」の提供は、公共図書館（46.1%）で半数弱、大学図書館（64.7%）、短大・高専図書館（65.4%）では 65% 前後で行われている。前回調査と比べると、公共図書館、短大・高専図書館では大差がないが、大学図書館（前回は 77.3%）ではやや低下している。

　一方「キーボード操作のガイド」については、前回調査では大学図書館、短大・高専図書館でともに 4 割台の提供率であったが、今回は大学図書館（4.2%）、短大・高専図書館（2.1%）と激減している。情報機器の普及とともにそうしたガイドのニーズがなくなったということであろう。なお、公共図書館（10.4%）では前回とほぼ同様の割合となっている。

7　目録データベースの作成
7-1　目録データベースの作成を行っているか

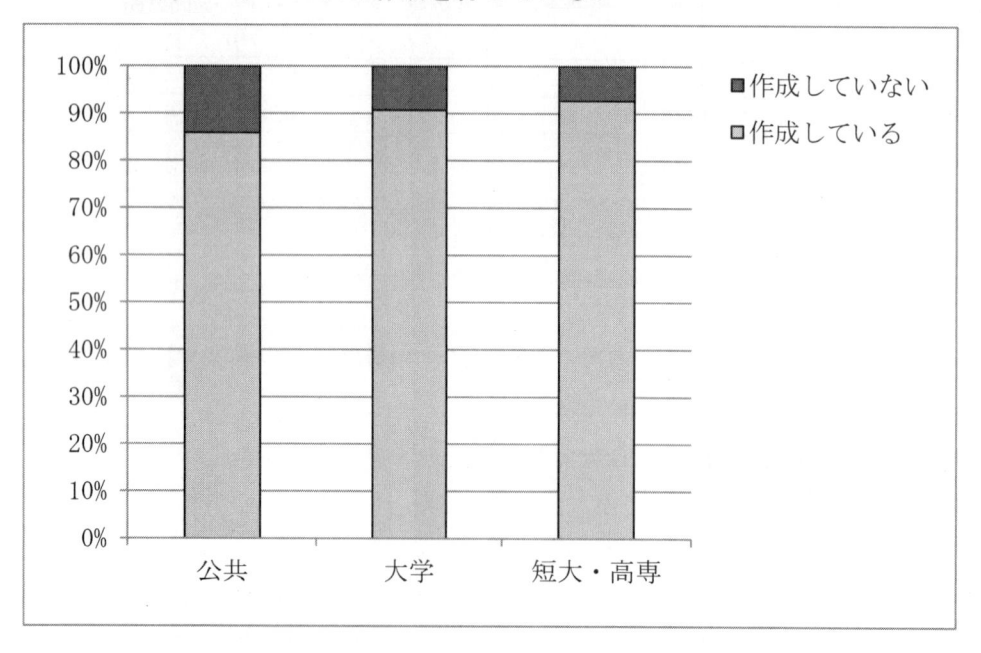

	回答館	作成している	作成していない
都道府県立	42	41	1
市区立	536	471	65
町村立	271	217	54
公共計	849	729	120
国立大学	241	211	30
公立大学	98	97	1
私立大学	679	614	65
共同利用機関等	9	9	0
大学計	1,027	931	96
短大	141	130	11
高専	50	47	3
短大・高専計	191	177	14
合計	2,067	1,837	230

目録データベースの作成を行っているかを、外部委託の場合も含め質問した。前回調査では新規受入れ資料を対象として質問を行ったが、今回調査では特に限定していない。

　公共図書館では、回答館849館のうち729館（85.9%）が目録データベースを作成していると回答した。

　大学図書館では、回答館1,027館のうち931館（90.7%）が目録データベースを作成していると回答した。

　短大・高専図書館では、回答館191館のうち177館（92.7%）が目録データベースを作成していると回答した。

　前回調査において、目録データベースを作成していると回答した館の割合は、公共図書館72.6%、大学図書館85.8%、短大・高専図書館70.6%であった。今回調査では、新規受入れ資料に限定していないものの、作成している館の割合が前回調査に比べて増加していることが分かる。特に短大・高専図書館の伸びが著しい。

7-2 目録データベースの収録対象

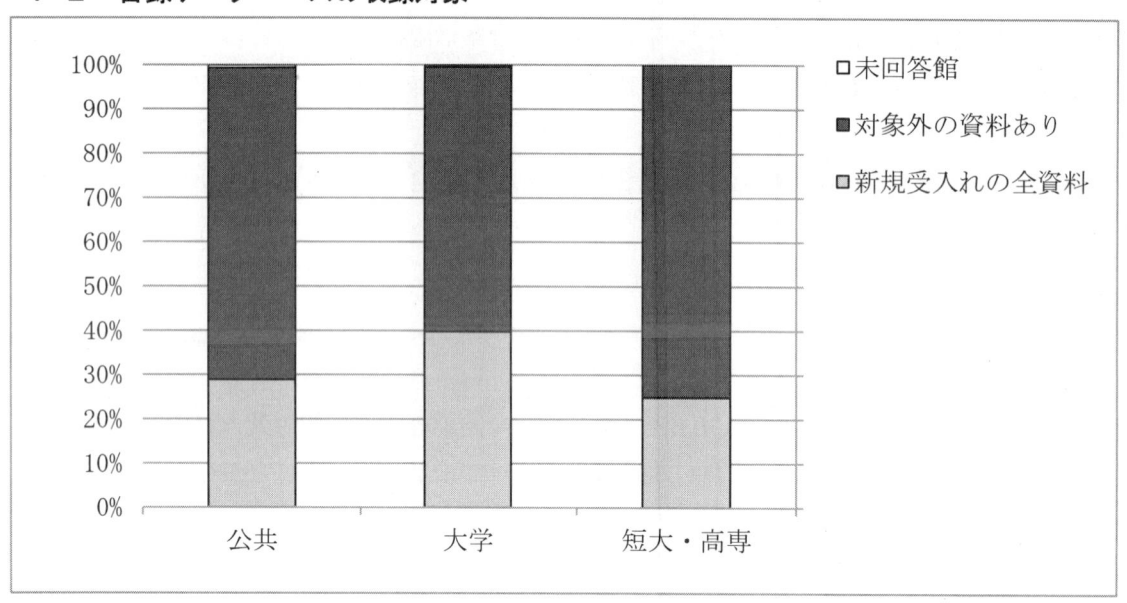

	DB作成館	新規受入れの全資料	対象外の資料あり	未回答館
都道府県立	41	8	33	0
市区立	471	113	355	3
町村立	217	90	125	2
公共計	729	211	513	5
国立大学	211	78	132	1
公立大学	97	29	68	0
私立大学	614	262	349	3
共同利用機関等	9	2	7	0
大学計	931	371	556	4
短大	130	34	96	0
高専	47	10	37	0
短大・高専計	177	44	133	0
合計	1,837	626	1,202	9

注）図及び表の「対象外の資料あり」とした数は、設問に示された例に従って、雑誌、新聞、視聴覚資料、消耗品等、具体的な資料の種類を回答した館の数である。

目録データベースを作成していると回答した館に、その収録対象について質問した。

前回調査では「新規に受け入れる全ての資料を収録対象としている」と「一部の資料に限定してデータベース化している」の二者択一で、後者について収録対象外とする資料の種類を各館で回答してもらう形式をとった。今回調査もほぼ同様の形式を採用したが、後者については「目録データベースの収録対象外となっている資料がある」という表現にした。また、各館で回答する収録対象外の資料の種類について、前回調査で多かった回答をあらかじめ例に挙げておいた。

公共図書館では、目録データベースを作成している729館のうち、「新規に受け入れる全ての資料を収録対象としている」との回答は、211館（28.9%）から得られ、一方、「目録データベースの収録対象外となっている資料がある」との回答は513館（70.4%）であった。

大学図書館では、目録データベースを作成している931館のうち、「新規に受け入れる全ての資料を収録対象としている」との回答は371館（39.8%）から得られ、「目録データベースの収録対象外となっている資料がある」との回答は556館（59.7%）であった。前回調査では、目録データベースを作成している803館のうち、「新規に受け入れる全ての資料を収録対象としている」と回答した館が583館（72.6%）、「一部の資料に限定してデータベース化している」と回答した館が209館（26.0%）であった。今回調査では、新規に受け入れる全ての資料を収録対象としている館の割合が減少し、収録対象外の資料があると回答した館の割合が大きく増加している。今回調査で収録対象外とする資料の種類の例を挙げてもらうようにしたことも一つの要因ではないだろうか。

短大・高専図書館では、目録データベースを作成している177館のうち、「新規に受け入れる全ての資料を収録対象としている」との回答は44館（24.9%）から得られ、「目録データベースの収録対象外となっている資料がある」と回答した館が133館（75.1%）であった。

収録対象外の資料があると回答した内訳（複数回答可）について、公共図書館では多い順に、新聞（361館）、雑誌（81館）、マイクロ資料（67館）、郷土資料（43館）、貴重書・貴重資料（37館）であった。

大学図書館と短大・高専図書館はひとまとめ（以下「大学図書館等」という）にして集計したが、その内訳は多い順に、新聞（422館）、消耗品（162館）、雑誌（128館）、視聴覚資料（79館）、マイクロ資料（51館）であった。

公共図書館で回答が多かったものの、大学図書館等では少なかった資料の種類として、郷土資料（公共図書館：43館、大学図書館等：8館）、行政資料（公共図書館：11館、大学図書館等：1館）、地図資料（公共図書館：23館、大学図書館等：6館）、官報・公報類（公共図書館：12館、大学図書館等：1館）、パンフレット（公共図書館：31館、大学図書館等：15館）、電話帳（公共図書館：14館、大学図書館等：1館）が挙げられる。

公共図書館のみ回答が得られた資料の種類には、点字資料やリーフレットがあった。一方、大学図書館等のみ回答が得られた資料の種類には、学位論文、紀要、研究室の消耗品、寄贈資料があった。

回答に挙がった資料の種類は、選択肢中に示された例に従ってそのまま回答した館が多いが、公共図書館、大学図書館等ともにそれら以外にも多様な回答があった。

7-3 リモートアクセスの電子資料を収録対象としているか（複数回答可）

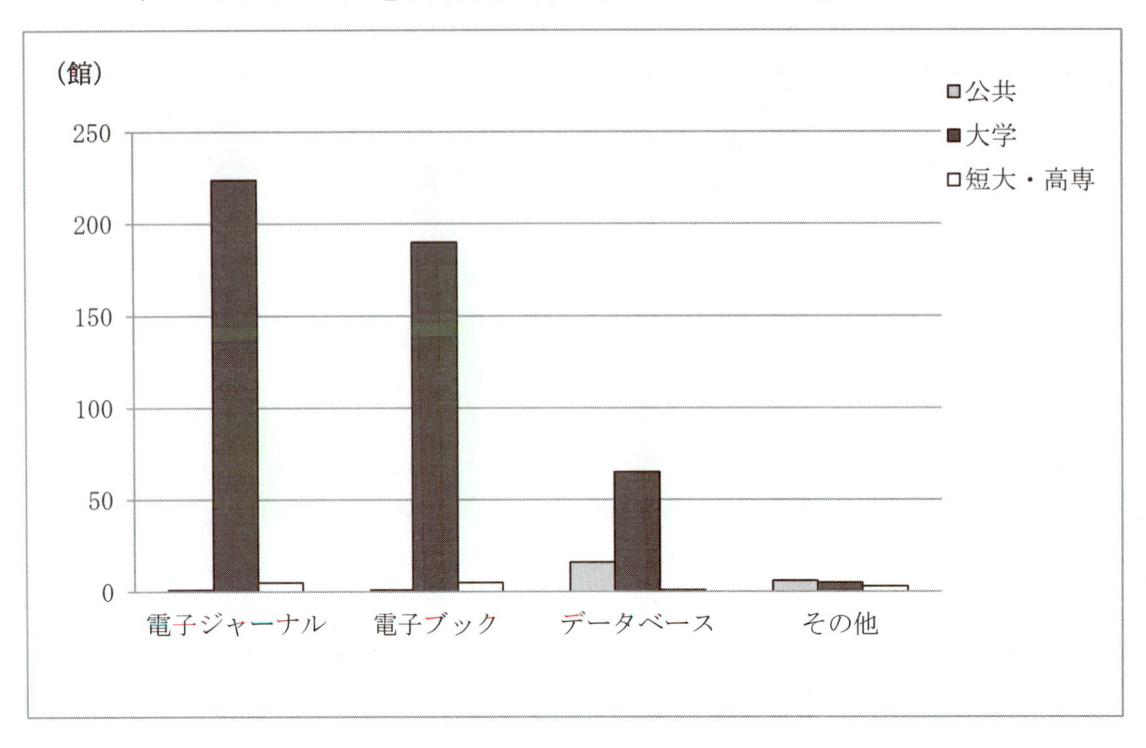

	DB作成館	していない	電子ジャーナル	電子ブック	データベース	その他	未回答館
都道府県立	41	37	0	1	2	0	1
市区立	471	431	1	0	10	3	26
町村立	217	186	0	0	4	3	24
公共計	729	654	1	1	16	6	51
国立大学	211	85	78	103	25	2	2
公立大学	97	67	24	5	6	0	0
私立大学	614	439	121	81	34	3	13
共同利用機関等	9	6	1	1	0	0	1
大学計	931	597	224	190	65	5	16
短大	130	108	4	5	7	3	8
高専	47	46	1	0	0	0	0
短大・高専計	177	154	5	5	7	3	8
合計	1,837	1,405	230	196	88	14	75

注）表の「していない」には、設問の選択肢中の「その他」に「そもそも電子資料を扱っていない」、「検討中」と回答したものも含めている。逆に、「その他」に「購入のもののみ対象としている」、「一部分のみ対象としている」等と回答したものについては、リモートアクセスの電子資料を収録対象としていると判断し、表の「していない」の数には含めていない。

リモートアクセスの電子資料を目録データベースの収録対象としているか質問した。

近年増加しているリモートアクセスの電子資料をどの程度目録データベースの対象としているかを把握するために、今回調査で新たに設けた質問である。選択肢中の「電子ブックを対象としている」や「データベースを対象としている」に対し、例を示すことで、より適切な回答を得るように努めた。

公共図書館では、リモートアクセスの電子資料を収録対象としている館は、目録データベースを作成している729館のうち、「全てを対象としていない」と回答した館及び未回答館を除いた24館（3.3%）であった。作成対象としている資料の種類（複数回答可）は、データベースが16館と圧倒的に多かった。

大学図書館では、リモートアクセスの電子資料を収録対象としている館は、目録データベースを作成している931館のうち318館（34.2%）であった。公共図書館や短大・高専図書館に比べて収録対象としている館の割合が高い。資料の内訳は、電子ジャーナル224館、電子ブック190館、データベース65館となっている。

短大・高専図書館では、リモートアクセスの電子資料を収録対象としている館は、目録データベースを作成している177館のうち15館（8.5%）であった。

今回調査の時点では、目録データベース作成において、リモートアクセスの電子資料を収録対象としない館が多く見られた。しかし、リモートアクセスの電子資料自体の数やその利用は今後も増加していくことが予想され、それに伴い収録対象とする館も多くなることが考えられる。

7-4 目録データベースの作成方法（複数回答可）

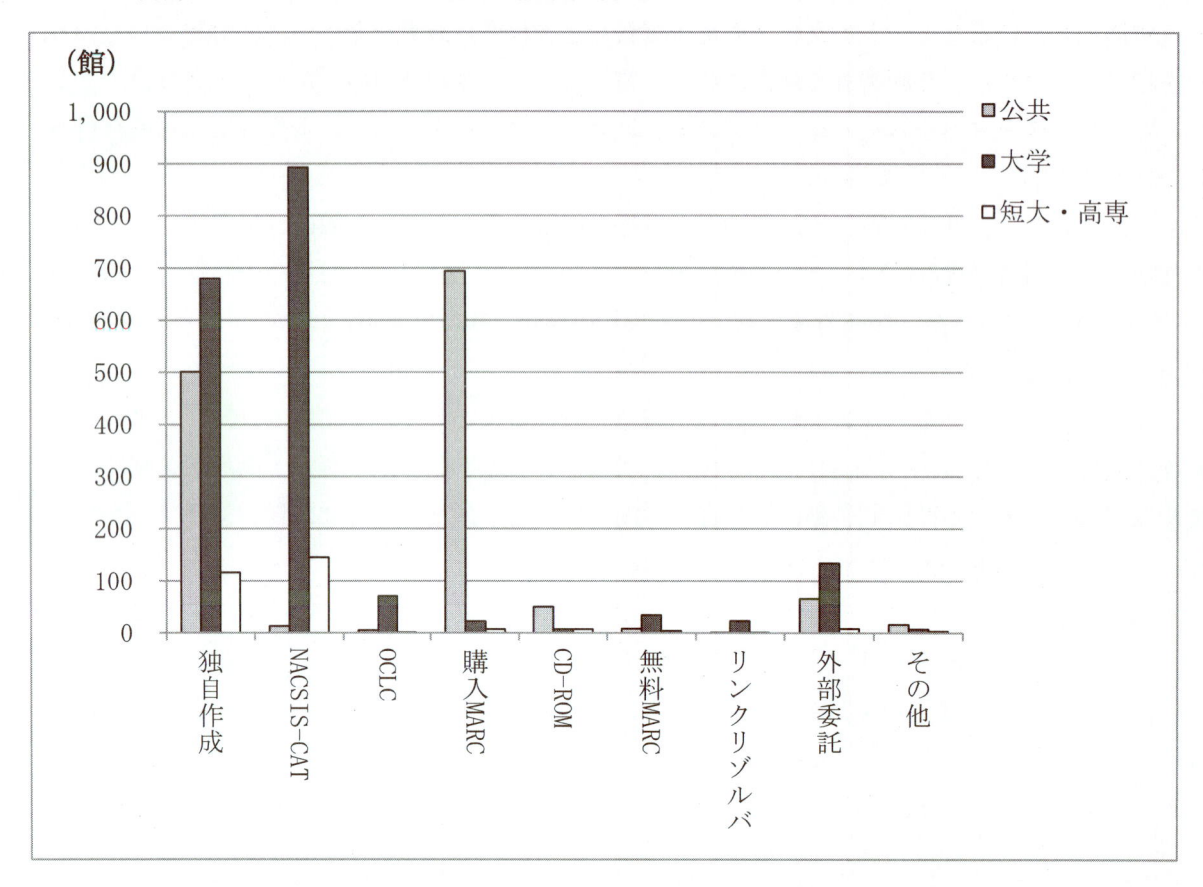

	DB作成館	独自作成	NACSIS-CAT	OCLC	購入MARC	CD-ROM	無料MARC	リンクリゾルバ	外部委託	その他	未回答館
都道府県立	41	37	9	2	40	6	0	0	8	0	0
市区立	471	323	3	3	462	25	3	0	46	12	0
町村立	217	141	1	0	192	19	5	1	12	4	0
公共計	729	501	13	5	694	50	8	1	66	16	0
国立大学	211	170	210	16	2	0	9	10	17	3	36
公立大学	97	71	95	4	1	0	0	0	11	0	2
私立大学	614	432	579	50	19	7	25	13	104	4	1
共同利用機関等	9	7	9	1	0	0	0	0	2	0	0
大学計	931	680	893	71	22	7	34	23	134	7	39
短大	130	87	101	1	6	7	3	1	8	1	0
高専	47	29	44	0	1	0	1	0	0	2	0
短大・高専計	177	116	145	1	7	7	4	1	8	3	0
合計	1,837	1,297	1,051	77	723	64	46	25	208	26	39

注）図及び表の「購入 MARC」は、設問中の選択肢「MARC を購入している」に該当する。その内容は、JAPAN/MARC や TRC MARC 等である。一方、「無料MARC」と「リンクリゾルバ」は、それぞれ設問中の選択肢「版元から無料で提供されるMARCを利用」、「リンクリゾルバの提供するデータを利用」を回答した館である。

目録データベースの作成方法について質問した。

前回調査ではJAPAN/MARCやTRC MARC等の選択肢（さらに一括購入、自館受入分に分ける）を設けていた。今回調査ではMARCに関係する選択肢として「MARCを購入している」（さらに具体名を記述してもらうようにした）と「版元から無料で提供されるMARCを利用」という2つの選択肢を設けた（図及び表ではそれぞれ「購入MARC」、「無料MARC」とした）。

公共図書館では、目録データベースを作成している729館のうち、「MARCを購入している」と回答した館が694館と圧倒的に多かった。具体的なMARC名として、TRC MARCが最も多く、続いて、NS-MARC、大阪屋MARC（OPL MARC）等が挙げられていた。「自館で独自に目録データを作成」と回答した館は501館（68.7%）であった。また、「外部委託して目録データを作成」と回答した館は66館（9.1%）である。「その他」と回答した具体的な内容には、県立図書館が作成したMARCを利用、県立図書館のデータを引用といった回答があった。その多くは郷土資料を対象としていた。

大学図書館では、目録データベースを作成している931館のうち、「国立情報学研究所NACSIS-CATのデータを利用」893館（95.9%）、「自館で独自に目録データを作成」680館（73.0%）の二つに回答が集中した。次いで、「外部委託して目録データを作成」134館（14.4%）で、「MARCを購入している」、「版元から無料で提供されるMARCを利用」を回答した館は少なかった。「その他」と回答した具体的な内容には、NACSIS-CATの参考利用、新聞や雑誌を対象とした外部データベースの参考利用などが挙げられていた。

短大・高専図書館では、目録データベースを作成している177館のうち、「国立情報学研究所NACSIS-CATのデータを利用」145館（81.9%）、「自館で独自にデータベースを作成」116館（65.5%）という二つに回答が集中した。

前回調査と異なり、全ての館種に共通して、「J-BISCなどCD-ROMを利用」と回答した館が大きく減少している。特に、短大・高専図書館において、前回調査では、目録データベース作成館302館のうち125館（41.4%）が「J-BISCなどCD-ROMを利用」と回答していたのに比して、今回調査では、目録データベース作成館177館のうち7館（3.9%）と大幅に減少し、そのかわりに、NACSIS-CATを利用している館が大きく増加している。短大・高専図書館の回答結果が、「国立情報学研究所NACSIS-CATのデータを利用」していると回答した割合の大きい大学図書館と類似の傾向となったことが、今回調査からうかがえる。

前回調査と同様に、公共図書館では購入MARC、大学図書館では書誌ユーティリティの利用が多く、今回調査ではさらにそれらの比率が増加している。

なお、今回調査で新たに設けた選択肢「リンクリゾルバの提供するデータを利用」と回答した館は全部で25館であった。

7-5　自館独自の目録データ作成の割合

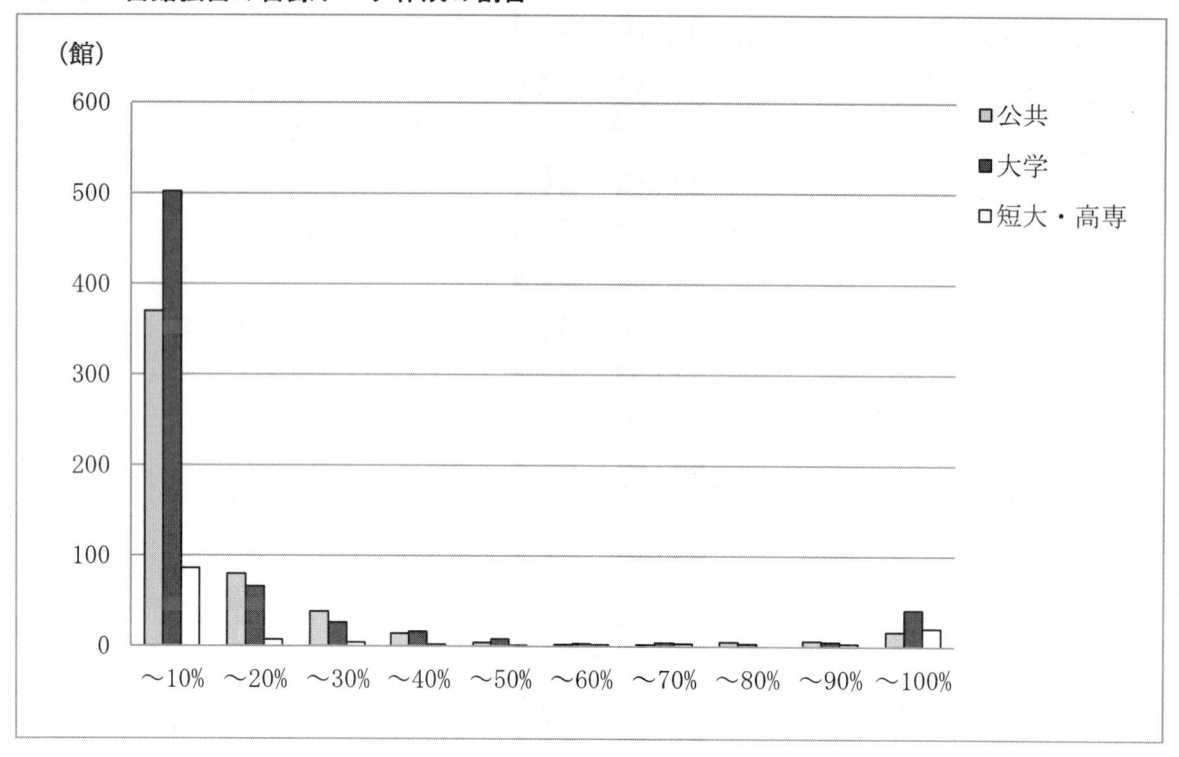

	DB作成館	～10%	～20%	～30%	～40%	～50%	～60%	～70%	～80%	～90%	～100%	不詳	未回答館
都道府県立	41	11	9	8	4	1	0	0	0	0	1	4	3
市区立	471	257	50	19	6	2	0	0	2	4	7	28	96
町村立	217	102	21	11	4	1	2	2	3	2	8	5	56
公共計	729	370	80	38	14	4	2	2	5	6	16	37	155
国立大学	211	134	18	7	0	1	1	1	0	2	5	7	35
公立大学	97	59	1	0	1	1	0	0	0	1	4	7	23
私立大学	614	304	47	19	15	6	2	3	3	2	30	22	161
共同利用機関等	9	5	0	0	0	0	0	0	0	0	1	1	2
大学計	931	502	66	26	16	8	3	4	3	5	40	37	221
短大	130	58	5	4	2	1	2	3	0	3	18	1	33
高専	47	28	2	0	0	0	0	0	0	0	2	3	12
短大・高専計	177	86	7	4	2	1	2	3	0	3	20	4	45
合計	1,837	958	153	68	32	13	7	9	8	14	76	78	421

新規受入れ資料について自館で独自に目録データを作成している割合について質問した。

公共図書館では、目録データベース作成館729館のうち、10%以下が最も多く370館(50.8%)、次いで10%～20%が80館（11.0%）であった。一方、90%以上と回答した館は16館（2.2%）であった。

大学図書館では、目録データベース作成館931館のうち、10%以下が最も多く502館(53.9%)、次いで10%～20%が66館（7.1%）であった。一方、90%以上と回答した館が40館（4.3%）であった。

短大・高専図書館では、目録データベース作成館177館のうち、10%以下が最も多く86館（48.6%）、次いで90%以上が20館（11.3%）であった。一方、10%～20%と回答した館が7館（4.0%）であった。前回調査（目録データベース作成館302館）では、90%以上と回答した館が32.8%で、10%以下と回答した館（19.9%）を上回っていたが、今回調査では90%以上と回答した割合が大きく減少していることが分かる。

7-6 書誌データの追加・加工を行っているか（複数回答可）

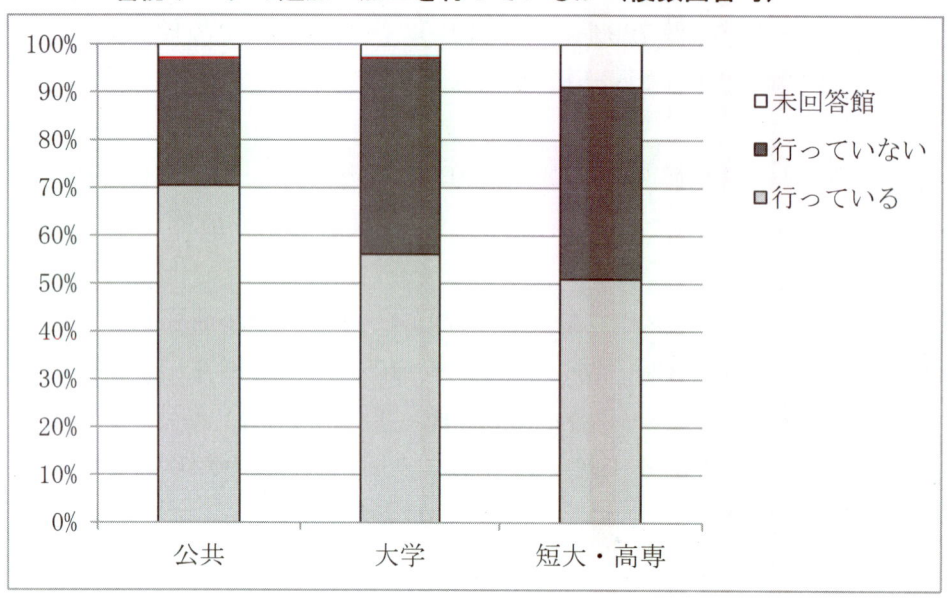

	DB作成館	内容細目の追加	書誌階層の変更、追加	件名、分類の追加	その他	行っていない	未回答館
都道府県立	41	25	13	32	11	4	0
市区立	471	229	71	212	79	118	7
町村立	217	67	29	82	30	72	14
公共計	729	321	113	326	120	194	21
国立大学	211	55	59	45	27	106	1
公立大学	97	24	24	20	13	42	6
私立大学	614	214	163	197	99	230	20
共同利用機関等	9	1	1	2	1	4	1
大学計	931	294	247	264	140	382	28
短大	130	43	27	51	14	44	14
高専	47	13	8	6	3	27	2
短大・高専計	177	56	35	57	17	71	16
合計	1,837	671	395	647	277	647	65

問7-4で「国立情報学研究所NACSIS-CATのデータを利用」や「MARCを購入している」等、「自館で独自に目録データを作成」以外の選択肢を選んだ場合について、具体的にどのような書誌データの追加・加工を行っているかを質問した。前回調査では、はじめに何らかの書誌データの追加・加工を行っているか否かを選択してもらい、行っている場合はその具体的な内容を記述する形式をとっていた。今回調査では、前回調査で書誌データの追加・加工を行っている館から多くの記述があった「内容細目の追加」、「書誌階層の変更、追加」、「件名、分類の追加」を、あらかじめ書誌データの追加・加工を行っている場合の選択肢として用意した。それら以外の内容を「その他」に記述してもらうことで、より詳細な回答を得るように努めた。

公共図書館では、目録データベース作成館729館のうち、書誌データの追加・加工を「行っていない」と回答した館は、194館であった。追加・加工を行っている館の内訳は、「件名、分類の追加」が326館、「内容細目の追加」が321館と多くを占めている。その他の具体的な内容は多岐にわたり、典拠コントロール、請求記号（所蔵情報）の変更・追加などが挙げられていた。また、郷土資料に対してデータの追加・加工（分類や件名、注記等の追加）を行っているという回答が多く見られた。

大学図書館では、目録データベース作成館931館のうち、書誌データの追加・加工を「行っていない」と回答した館は382館であった。追加・加工を行っている館の内訳は、「内容細目の追加」（294館）、「件名、分類の追加」（264館）、「書誌階層の変更、追加」（247館）である。

短大・高専図書館では、目録データベース作成館177館のうち、書誌データの追加・加工を「行っていない」と回答した館は71館であった。追加・加工を行っている館の内訳は、「件名、分類の追加」（57館）、「内容細目の追加」（56館）、「書誌階層の変更、追加」（35館）である。

前回調査では、大学図書館と短大・高専図書館において、書誌データの追加・加工を行っていない館の割合の方が行っている館より高かった。しかし、今回調査では、何らかの書誌データの追加・加工を行っている館の割合が、全体に高い傾向が見られた。

8 遡及入力

8-1 遡及入力の実施状況

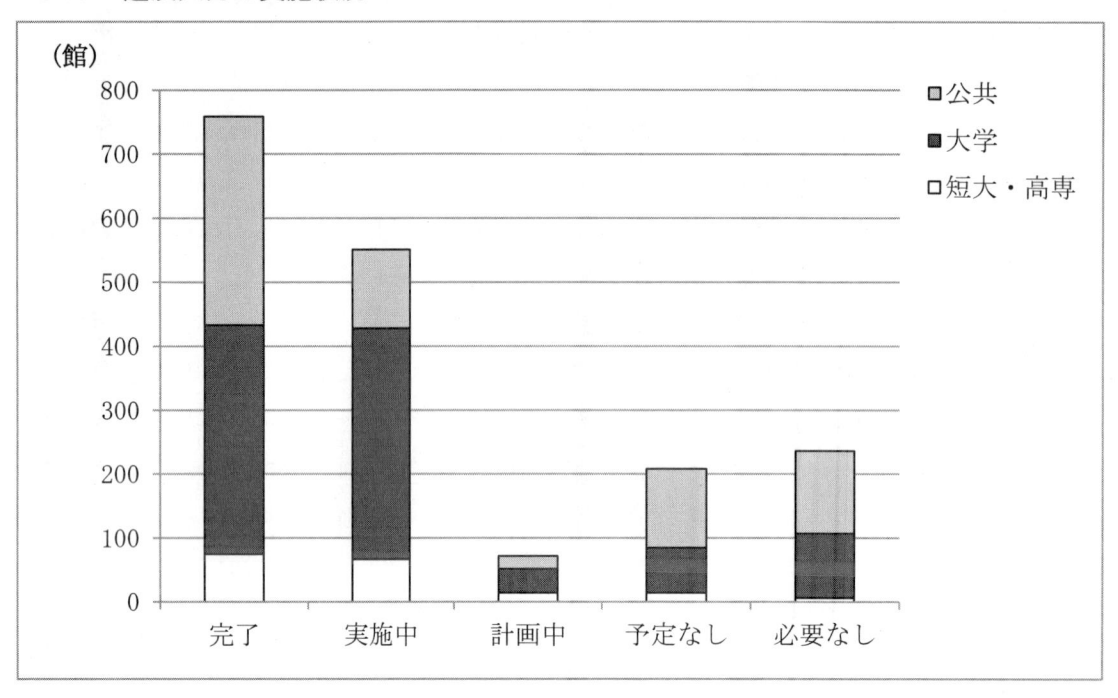

	回答館	完了	実施中	計画中	予定なし	必要なし	未回答館
都道府県立	41	20	11	1	8	1	1
市区立	466	221	85	15	84	62	87
町村立	213	85	27	4	31	66	86
公共計	720	326	123	20	123	129	174
国立大学	211	50	127	12	8	14	37
公立大学	96	43	25	4	8	16	3
私立大学	614	262	206	22	55	69	99
共同利用機関等	8	3	3	0	0	2	1
大学計	929	358	361	38	71	101	140
短大	129	53	50	13	8	5	27
高専	47	22	17	1	6	1	3
短大・高専計	176	75	67	14	14	6	30
合計	1825	759	551	72	208	236	344

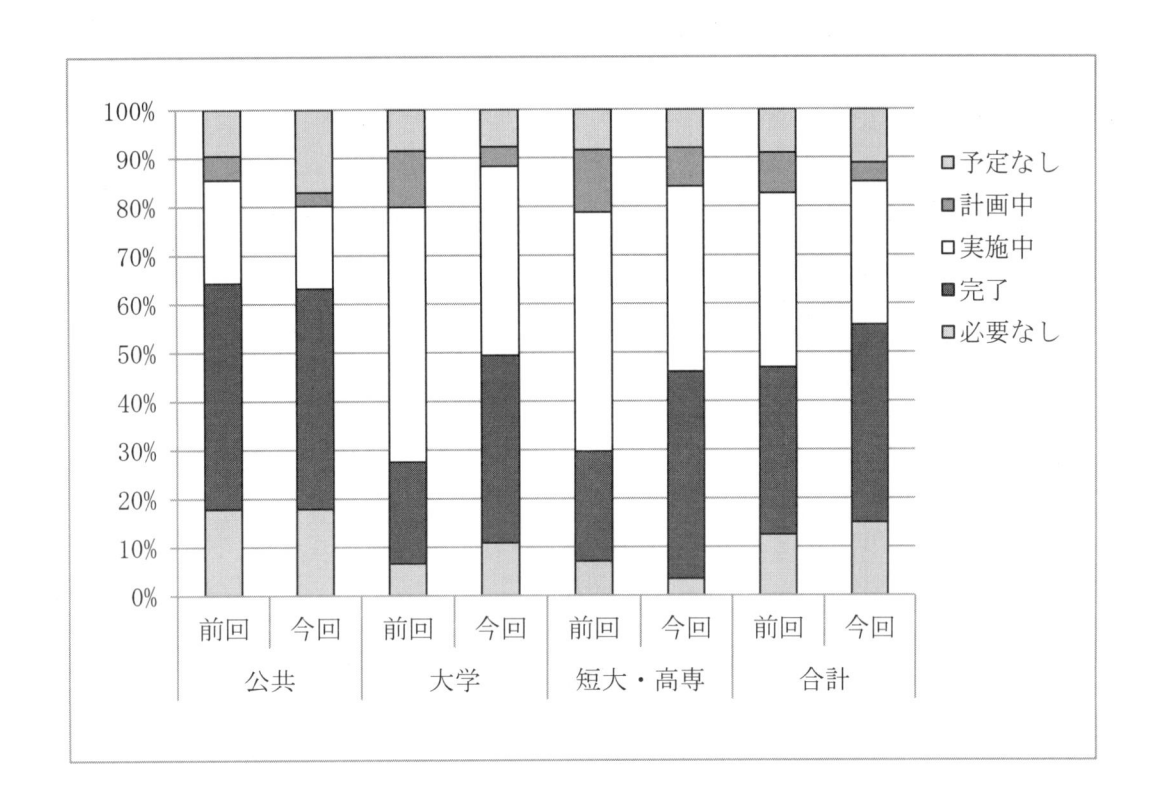

遡及入力の実施状況を質問した。「遡及入力は既に完了している（以下、「完了」）」または「遡及入力の必要なし（以下、「必要なし」）」と回答した館は、公共図書館では455館（回答館数の63.2%、以下同じ）、大学図書館では459館（49.4%）、短大・高専図書館では81館（46.0%）であった。一方、今回、「遡及入力の予定はなし（「予定なし」）」と回答した館及び未回答の館数は、公共図書館では297館（29.9%）、大学図書館では211館（19.7%）、短大・高専図書館では44館（21.4%）であった。

上図は、前回調査と今回調査を比較するため、回答館数に占めるそれぞれの割合を館種別に集計したものである。公共図書館ではさほど大きな変化が見られないのに対し、大学図書館及び短大・高専図書館では「完了」の割合が増加していることが分かる。遡及入力「完了」または「必要なし」という回答が、遡及入力が終了した館であると解釈すると、前回調査では合計で46.9%が終了しているが、今回調査では54.5%に増加した。また、「遡及入力の計画中（「計画中」）」と回答した館も8.3%から3.9%と減少しており、遡及入力に着手した館が増えたことが分かる。遡及入力はある程度進行していると考えられる。

8-2 遡及入力の対象

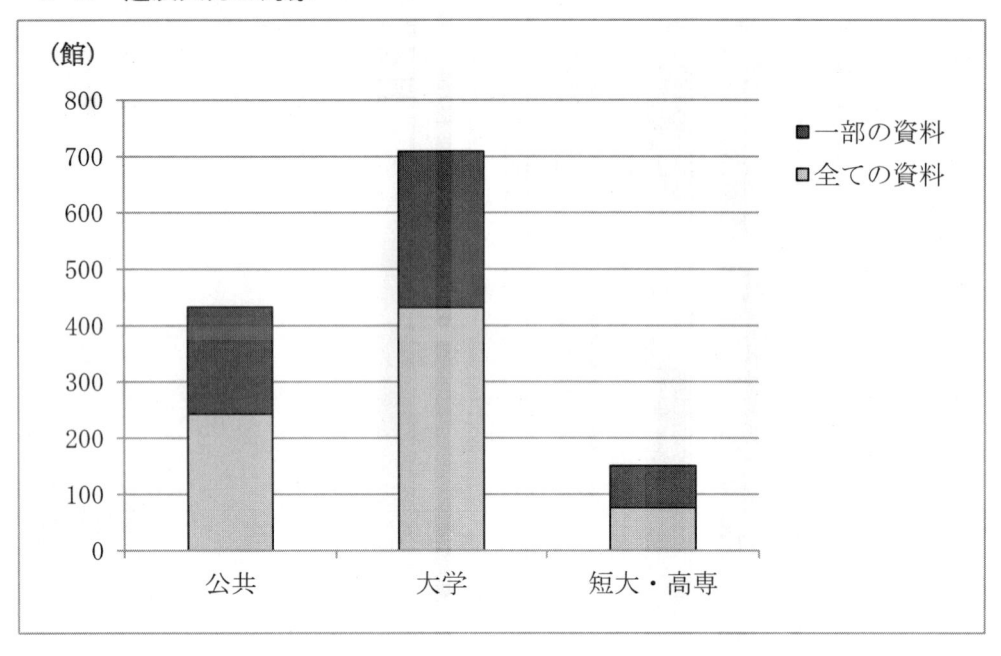

	遡及実施館	全ての資料	一部の資料
都道府県立	32	11	18
市区立	324	159	140
町村立	121	73	32
公共計	477	243	190
国立大学	189	113	69
公立大学	73	34	33
私立大学	491	281	173
共同利用機関等	7	4	2
大学計	760	432	277
短大	117	56	56
高専	40	20	19
短大・高専計	157	76	75
合計	1,394	751	542

遡及入力の対象が、データベース化されていない資料の全てか、または一部かを質問した。「データベース化されていない全ての資料を対象としているいた（「全ての資料」）」と回答した館は、公共図書館では56.1%、大学図書館では60.9%、短大・高専図書館では50.3%である。前回調査（公共図書館70.1%、大学図書館62.7%、短大・高専図書館60.4%）に比して「全ての資料」の比率は低下している。

　「データベース化されていない資料のうち、遡及入力の対象外とするものがある/あった（「一部の資料」）」と回答した館には、「対象外とする資料の種類」について記述回答を求めた。

　公共図書館では、新聞・貴重資料・雑誌・郷土資料が多く、大学図書館及び短大・高専図書館では、雑誌・新聞・貴重資料・消耗品・視聴覚資料が多い。

　館種を問わず多かったのは、新聞・雑誌・貴重資料（古文書・古典籍・漢籍等）であり、公共図書館に特徴的な資料群では、郷土資料・行政資料、大学図書館ではマイクロ資料・視聴覚資料・学位論文が挙げられるという特徴が見られる。

8-3 遡及入力の完了予定年または完了年

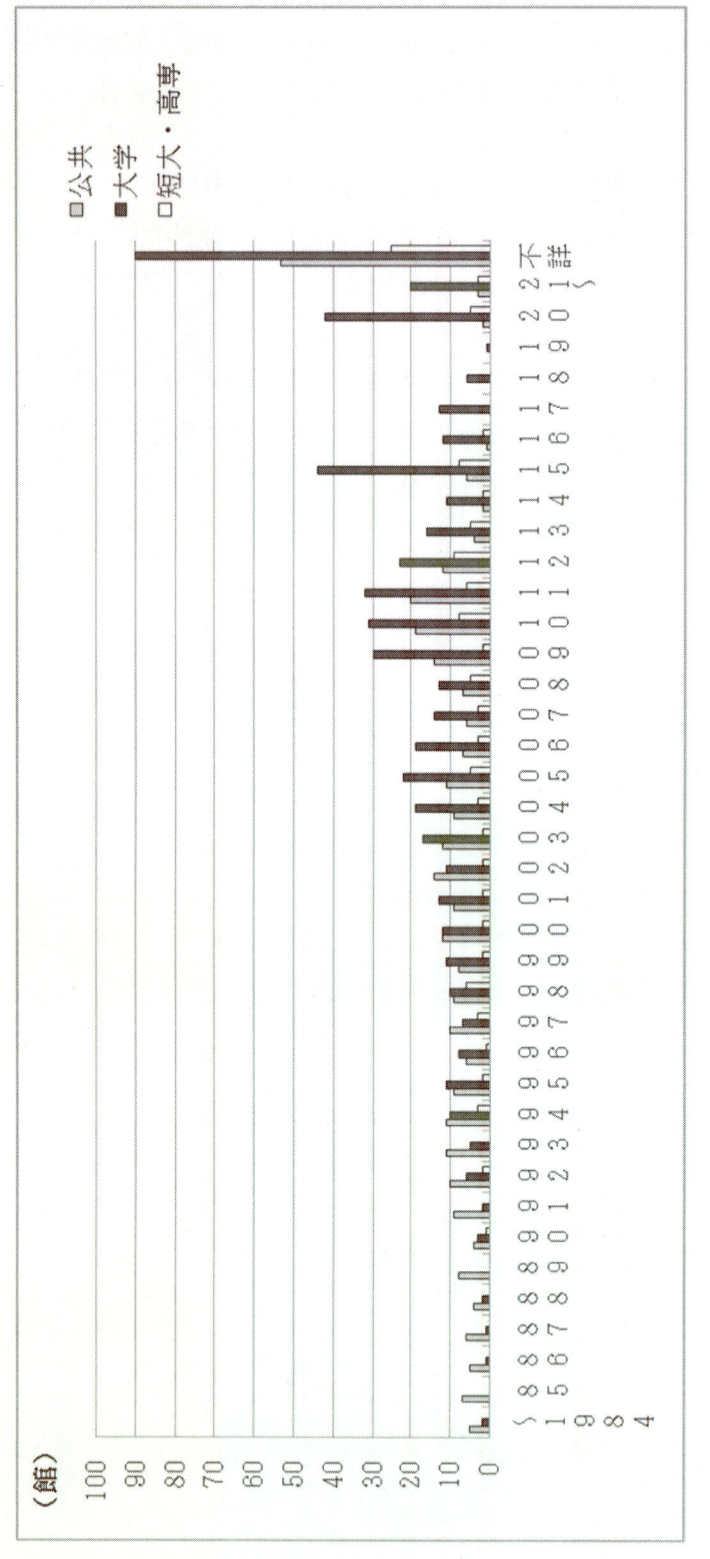

	~1984	85	86	87	88	89	90	91	92	93	94	95	96	97	98	99	00	01	02	03	04	05	06	07	08	09	10	11	12	13	14	15	16	17	18	19	20	21~	不詳
都道府県立	0	0	0	0	0	0	0	0	2	5	2	0	0	0	0	0	1	1	2	0	0	0	2	0	2	0	2	2	0	0	0	0	0	0	0	0	0	0	7
市区立	5	6	5	5	3	8	4	8	8	8	5	3	2	7	8	4	8	5	8	7	7	5	6	3	5	11	15	2	7	2	1	6	1	0	0	0	2	2	38
町村立	0	1	0	1	0	0	1	2	1	1	4	4	4	3	1	3	4	3	2	3	2	6	1	1	3	4	3	5	2	1	0	0	0	0	0	0	0	1	8
公共計	5	7	5	6	4	8	4	9	10	11	11	9	6	10	9	8	12	9	14	12	9	11	7	6	7	14	19	20	12	4	2	6	1	0	0	0	2	3	53
国立大学	0	0	1	0	1	0	0	0	0	0	1	0	1	0	1	0	1	0	1	4	3	3	0	4	1	3	9	10	5	6	8	14	0	5	5	1	1	14	26
公立大学	0	0	0	0	0	0	0	0	0	0	1	4	0	0	0	2	0	2	0	1	0	2	2	6	3	7	1	7	2	1	1	1	0	0	0	0	0	0	12
私立大学	2	0	0	2	0	0	2	2	6	4	9	7	7	7	8	9	10	12	13	15	17	17	13	6	11	18	15	21	16	9	3	27	3	8	1	0	4	6	52
共同利用機関等	0	0	0	0	0	0	0	0	0	0	0	0	0	0	0	0	0	0	0	0	0	1	0	0	0	0	0	0	0	0	0	2	0	0	0	0	0	0	0
大学計	2	0	1	2	1	0	2	2	6	5	10	11	8	7	10	11	12	13	11	17	19	22	19	14	13	30	31	32	23	16	11	44	12	13	6	1	42	20	90
短大	0	0	0	0	0	0	0	0	2	1	0	2	1	2	3	0	2	1	0	5	0	5	4	2	4	2	6	5	6	4	2	6	1	0	0	0	4	3	17
高専	0	0	0	0	0	0	0	0	0	0	1	1	0	0	3	1	0	2	3	0	2	3	0	1	0	0	3	5	0	2	1	2	1	0	0	1	1	0	8
短大・高専計	0	0	0	0	0	0	0	0	2	1	1	3	1	2	6	2	2	3	3	5	2	3	5	3	4	2	9	8	6	6	3	8	2	0	0	1	5	3	25
合計	7	7	6	7	6	8	6	11	18	16	24	22	15	20	25	21	26	24	27	31	38	29	23	25	46	58	58	44	25	15	58	15	13	6	1	49	26	168

遡及入力の完了予定年（完了済みの場合は完了年）を質問した。調査年末（2010年末）までに完了予定としたのは、公共図書館が242館（回答館のうちの70.1%）、大学図書館が280館(同47.5%)、短大・高専図書館が55館（同45.1%）であった。

　今回調査では、公共図書館について自治体単位で集計を行った。したがって、単純には比較できないが、前回調査では2000年までに完了予定と回答している館が、公共図書館で97.2%、大学図書館で77.7%、短大・高専図書館で85.3%であったことを勘案すると、遡及入力は前回調査の時点で予想していたよりも進展していない。

　とはいえ、今回調査で約7割が調査年末までに完了済みまたは完了予定と回答している公共図書館では、遡及入力は終了期に入ったと考えられる。一方で、調査年末までに完了済みまたは完了予定と回答した館が半数以下であった大学図書館と短大・高専図書館では、今後も長期にわたった遡及入力を予定していることがうかがえる。全体として12.1%が完了予定年を不詳としており、未回答の館数が全体の24.2%を占めることも勘案すると、遡及入力の完了までの見通しは未だ楽観できない状況である。

8-4 遡及入力における入力済資料の割合

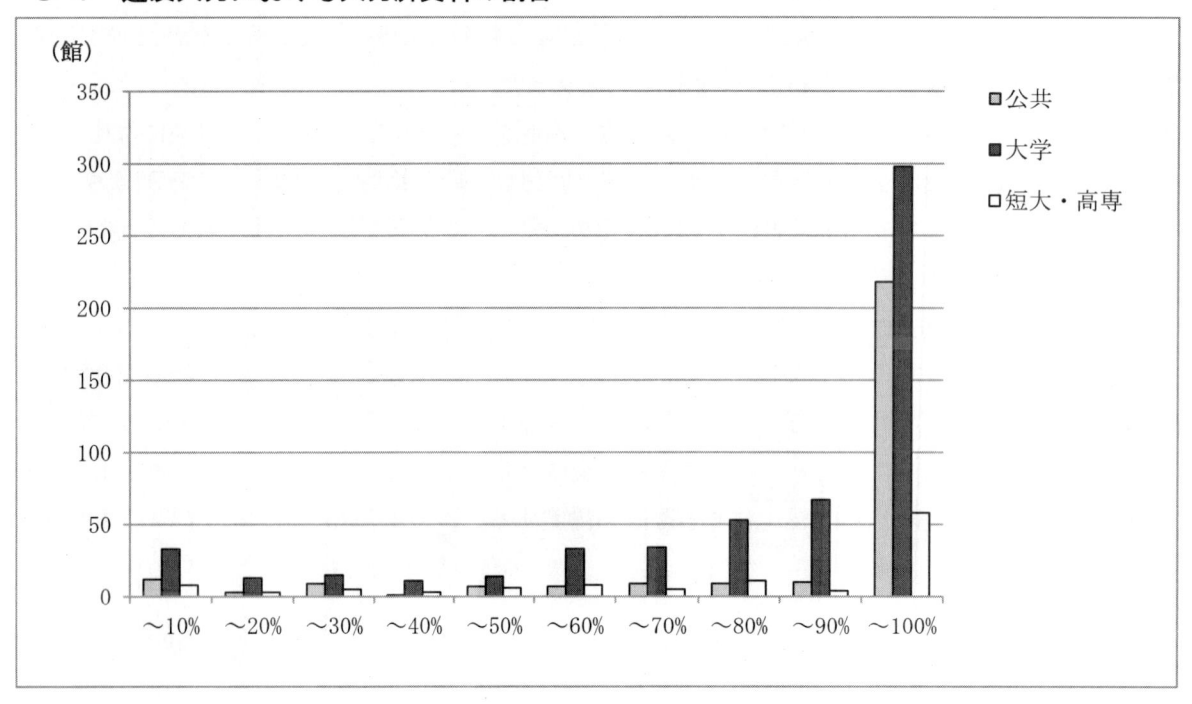

	回答館	～10%	～20%	～30%	～40%	～50%	～60%	～70%	～80%	～90%	～100%
都道府県立	20	1	0	0	0	0	0	0	0	0	19
市区立	197	7	2	8	1	7	3	5	7	9	148
町村立	68	4	1	1	0	0	4	4	2	1	51
公共計	285	12	3	9	1	7	7	9	9	10	218
国立大学	164	6	1	3	4	5	19	14	21	27	64
公立大学	46	6	3	5	0	1	1	2	3	2	23
私立大学	358	21	8	7	7	8	13	17	29	38	210
共同利用機関等	3	0	1	0	0	0	0	1	0	0	1
大学計	571	33	13	15	11	14	33	34	53	67	298
短大	79	7	3	5	1	4	5	4	10	2	38
高専	32	1	0	0	2	2	3	1	1	2	20
短大・高専計	111	8	3	5	3	6	8	5	11	4	58
合計	967	53	19	29	15	27	48	48	73	81	574

入力済資料の割合を、入力対象資料に対する百分率で回答を得た。回答した館の中では90%以上と答えた館が最も多い。50%以下と回答した館は公共図書館が32館（6.7%）、大学図書館が86館（11.3%）、短大・高専図書館が25館（15.9%）であった。前回調査で50%以下だった図書館は、公共図書館103館（21.7%）、大学図書館254館（49.8%）、短大・高専図書館75館（41.7%）であった。回答館に対する比率で比較すると、50%以下の館が減少していることが分かる。なお、遡及入力を実施している館の約3分の1にあたる427館が、未回答もしくは不詳と回答しており、遡及入力の対象数を把握すること自体が困難な現状を示している。

8-5 遡及入力の方法（複数回答可）

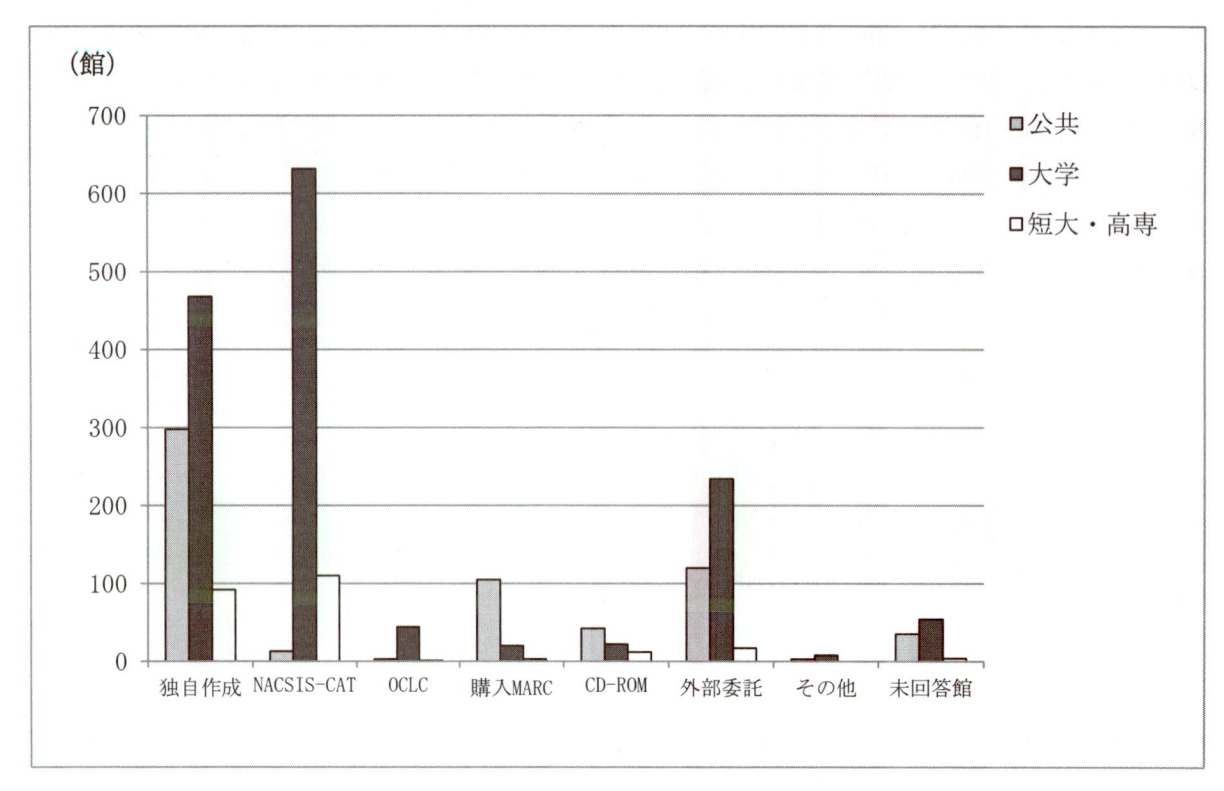

	独自作成	NACSIS-CAT	OCLC	購入MARC	CD-ROM	外部委託	その他	未回答館
都道府県立	24	7	1	18	7	17	1	2
市区立	207	4	2	20	20	82	8	20
町村立	67	2	0	67	15	21	3	13
公共計	298	13	3	105	42	120	3	35
国立大学	142	179	14	0	0	36	2	24
公立大学	42	61	1	1	0	29	1	4
私立大学	281	387	29	19	22	168	5	25
共同利用機関等	3	5	0	0	0	1	0	1
大学計	468	632	44	20	22	234	8	54
短大	71	77	0	3	11	16	4	3
高専	21	33	1	0	1	1	1	1
短大・高専計	92	110	1	3	12	17	0	4
合計	858	755	48	128	76	371	11	93

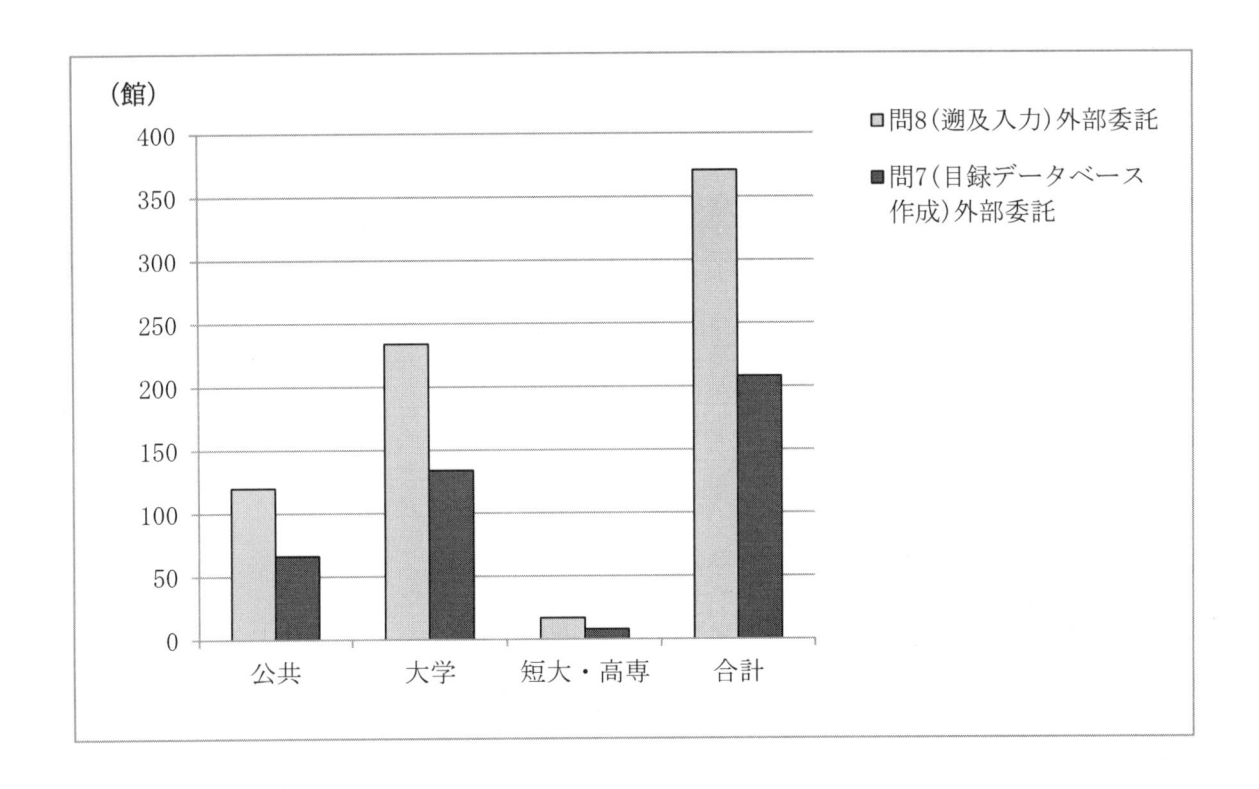

遡及入力の方法を質問した。公共図書館では多い順に、「独自作成」298館（62.5%）、「外部委託」120館（25.2%）、「購入MARC」105館（22.0%）、「CD-ROM」42館（8.8%）であった。大学図書館では多い順に「NACSIS-CAT」632館（83.2%）、「独自作成」468館（61.6%）、「外部委託」234館（30.8%）、「OCLC」44館（5.8%）であった。短大・高専図書館では「NACSIS-CAT」110館（70.1%）が最も多かった。公共図書館でMARCを購入している館が多い点と、大学図書館および短大・高専図書館でNACSIS-CATの利用と独自作成に回答が集中している点において、全体としては問7-4と同じ傾向である。

「外部委託」に関しては、公共図書館で120館（25.2%）、大学図書館で234館（30.8%）、短大・高専図書館で17館（10.8%）の回答があった。上図に示したとおり、本設問で「外部委託」と回答した館数は、問7-4で「外部委託」と回答した館数（公共図書館66館、大学図書館134館、短大・高専図書館8館）の約1.8倍である。「外部委託」は、新規受入れ資料より遡及入力において、広く導入されていることが分かる。

9 カード・冊子体目録
9-1 カード・冊子体目録の作成と提供

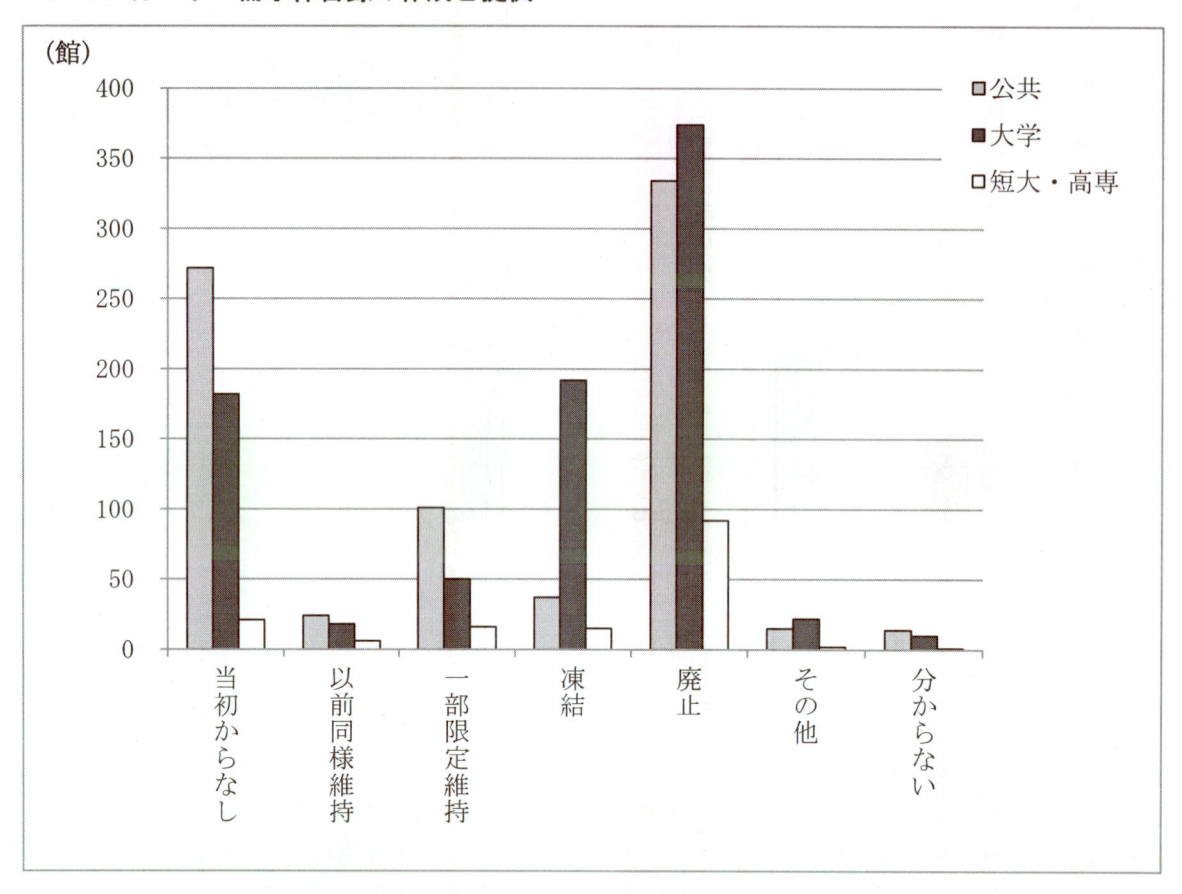

	回答館	当初からなし	以前同様維持	一部限定維持	凍結	廃止	その他	分からない	未回答館
都道府県立	41	1	2	11	10	16	3	0	1
市区立	539	112	11	83	25	247	12	5	14
町村立	283	159	11	7	2	71	0	9	16
公共計	863	272	24	101	37	334	15	14	31
国立大学	245	18	1	10	88	74	4	1	3
公立大学	98	29	0	5	5	40	2	1	1
私立大学	692	132	16	35	97	258	14	8	21
共同利用機関等	8	3	1	0	2	2	2	0	1
大学計	1,043	182	18	50	192	374	22	10	26
短大	152	16	5	15	14	65	2	1	4
高専	47	5	1	1	1	27	0	0	3
短大・高専計	199	21	6	16	15	92	2	1	7
合計	2,105	475	48	167	244	800	39	25	64

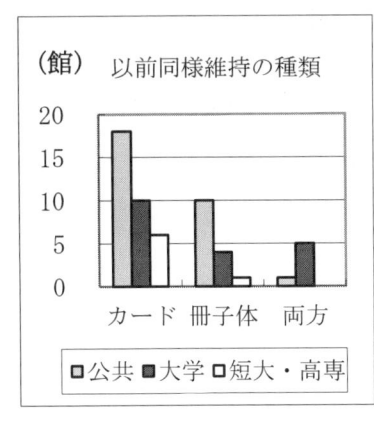

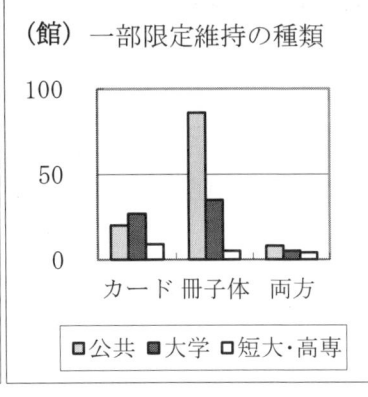

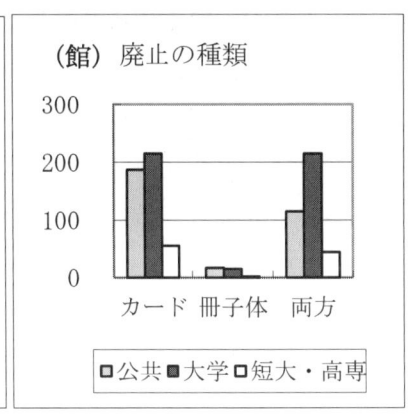

	以前同様維持の種類			一部限定維持の種類			凍結の種類			廃止の種類		
	カード	冊子体	両方	カード	冊子体	両方	カード	冊子体	両方	カード	冊子体	両方
都道府県立	0	2	0	4	8	2	1	6	6	8	0	7
市区立	8	5	0	15	68	6	14	12	5	134	12	92
町村立	10	3	1	1	10	0	2	2	0	45	5	16
公共計	18	10	1	20	86	8	17	20	11	187	17	115
国立大学	0	1	0	8	4	2	76	9	28	42	9	45
公立大学	1	0	0	2	4	0	5	1	1	22	2	18
私立大学	8	3	5	17	27	3	79	16	30	149	4	152
共同利用機関等	1	0	0	0	0	0	1	1	0	2	0	0
大学計	10	4	5	27	35	5	161	27	59	215	15	215
短大	5	1	0	8	5	4	18	1	3	35	2	31
高専	1	0	0	1	0	0	0	1	0	20	0	13
短大・高専計	6	1	0	9	5	4	18	2	3	55	2	44
合計	34	15	6	56	126	17	196	49	73	457	34	374

　OPAC が主流となった現在、カード・冊子体目録の作成や提供をしているか問うた。

　その結果、以前と同様に維持・更新しているのは、回答した公共図書館 863 館中 24 館（2.8%）、大学図書館 1,043 館中 18 館（1.7%）、短大・高専図書館 199 館中 6 館（3%）とわずかであった。たとえ、これに、一部に限定して維持・更新している公共図書館 101 館、大学図書館 50 館、短大・高専図書館 16 館、及び維持・更新しないが以前に作成したものを引き続き利用者に提供している公共図書館 37 館、大学図書館 192 館、短大・高専図書館 15 館を加えても、カード・冊子体目録を完全に廃止した図書館及び当初からカード・冊子体目録の作成・提供を行っていない図書館の方が、半数以上に上る。

　館種別に見ると、公共図書館ではカード・冊子体目録について、「以前同様維持」と「一部限定維持」をあわせると回答館の 14% になり、他館種に比べて比較的高い。特に冊子体目録の「一部限定維持」が多い傾向にある。

9-2　カード・冊子体目録の作成、提供の対象となっている資料の種類

　カード・冊子体目録の作成及び提供の対象となっている資料の種類を、自由記述で回答を求めた。その結果、民間 MARC にデータがないことが多い各地域の郷土資料と回答した館が多数あった。この他、視聴覚資料、特殊言語資料、特別コレクションとの回答も目立つが、これらの資料が該当する理由も、郷土資料と同様に民間 MARC 等の既存データの利用がしづらいことが挙げられると思われる。

　新規に受け入れた資料についてカード・冊子体目録を提供するという回答も見られた。OPAC が整う前に、一時的に新着資料のリストを作成して迅速に提供することを試みているものと推測される。

　この他、遡及入力対象資料等、OPAC に移行し切れていない資料群が対象となっている館も複数に上る。

9-3 現在、利用者用に作成、提供しているカード・冊子体目録の種類（複数回答可）

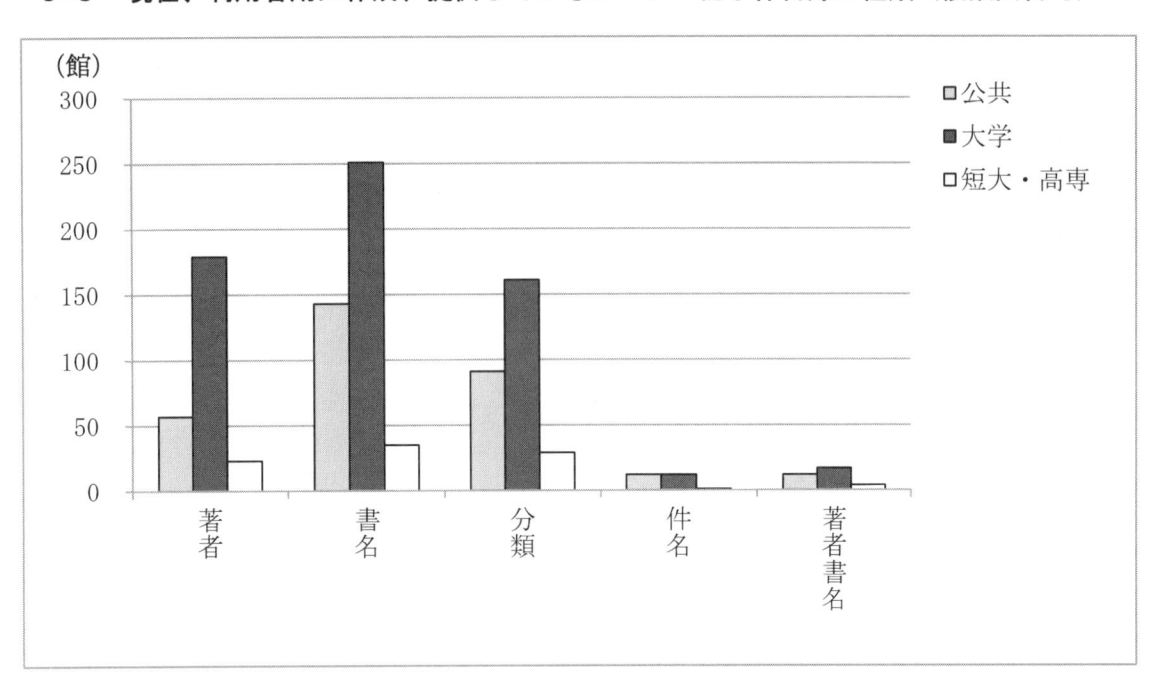

	回答館	著者	書名	分類	件名	著者書名	未回答館
都道府県立	25	5	16	17	1	0	17
市区立	136	44	107	66	9	8	417
町村立	27	8	20	8	2	4	272
公共計	188	57	143	91	12	12	706
国立大学	117	77	102	50	2	9	131
公立大学	10	5	9	4	0	0	89
私立大学	167	96	139	106	9	8	546
共同利用機関等	2	1	1	1	1	0	7
大学計	296	179	251	161	12	17	773
短大	40	21	32	22	0	2	116
高専	7	2	3	7	1	2	43
短大・高専計	47	23	35	29	1	4	159
合計	531	259	429	281	25	33	1、638

　利用者用にカード・冊子体目録を作成・提供していると回答した公共図書館188館、大学図書館296館、短大・高専図書館47館に対し、著者目録、書名目録、分類目録、件名目録、著者書名目録のうち、どの種類の目録を作成・提供しているのかを問うた。

　目録の種類について館種による大きな違いは見られなかった。

　全ての館の回答をまとめた結果、最も多かったのが書名目録で合計429館、これに分類目録と著者目録が続き、それぞれ合計281館、259館とほぼ同数である。件名目録を作成・提供している館はごく少数で合計25館にとどまった。件名目録を作成・提供している図書館が少ないのは、カード目録、冊子体目録、OPACといった目録の形態に関わらず見られる傾向である。

9-4　カード・冊子体目録を作成、提供している理由

　カード・冊子体目録を作成・提供している理由を問い、自由記述で回答を求めた。冊子体目録のもつ通覧性の高さや、カード目録と冊子体目録に共通の、機器を使用しなくても利用できる手軽さといった、これらの目録の長所を生かす内容の回答が見られた一方、OPACに対応できない、遡及入力の対象となっていない資料の検索のためなど、やむを得ず作成・提供している、と推測される回答もあった。

10 システム・業務の開始・拡大・変更の予定

最後の設問として、文章記述方式で、目録の作成と提供に関して、今後システムや業務の開始・拡大・変更などの予定がある場合の回答を求めた。

公共図書館108館、大学図書館144館、短大・高専図書館32館から回答があった。ただし、他の回答への補充説明を記述しているもの、変更の予定なしとの回答などもあり、この回答数がただちにシステム・業務の開始等を予定している館数というわけではない。

全館種を通じて最も多かった回答は、システムの更新を予定しているというもので、単なる更新か改善を伴う更新か分からない回答もあった。これに、システム更新を伴うものか不明だがシステム改善を予定しているとの回答をあわせると、かなりの数の館が、システム改善を予定していると推測される。

システム改善の主な内容は、館種によって異なっている。

公共図書館では、同一自治体内複数館のシステム統合または横断検索を可能とする変更が10館以上あり、回答内容から市町村合併の影響も明確に見られた。また、少数ではあるが、近隣自治体館との連携強化をはかるとの回答もあった。OPACに関する回答として、Web版OPAC化を予定あるいは実施した館が10館、携帯端末OPACの導入予定も数館存在した。また、システム自体の新たな導入、ICタグ導入などの回答もあった。

大学図書館では、電子ジャーナル連携、表紙画像表示、配架マップ表示、横断検索機能・リンク機能追加、ファセット表示、FRBR表示、外部データベース連携、利用者支援機能の充実など改善内容は多岐にわたっている。公共図書館と同様にWeb版OPAC化、携帯端末OPAC導入の回答もあったが、Web版OPAC化について公共図書館より少数にとどまっているのはすでに実現している館が多いためと思われる。

短大・高専図書館で最も目立つのは、長岡技術科学大学附属図書館を中心とする「統合図書館システム」へ移行する予定を明確に回答した館が4館あったことである。また、Web版OPAC化と回答した館、新たにシステム導入するとした館の比率がかなり高い。

これらのシステム更新・改善についての回答は、問6-5、6-6、6-7、6-8によるOPACの現状を補完する情報として参考になる。

データに関するものとして、MARC変更を含むデータ形式の変更、データ補充、遡及入力、多言語対応による中韓資料データ入力、電子ジャーナル等のデータ入力などについて回答があった。

公共図書館では、TRC MARCのタイプ変更、MARC21対応、内容細目・件名データ補充、カード・冊子体目録のデータベース化などが主な内容である。大学図書館では、遡及入力を挙げた館が多いが、内容細目・件名データだけでなく典拠データの補充を挙げた館もあった。また、多言語対応による中韓資料データ入力だけでなく、古典籍等のデータ入力開始や簡易データを再整理すると回答した館もあった。

遡及入力に関する回答については、問8（遡及入力）に、自由記入欄がなかったためにこの項目で回答を補充した館も多かった。

また、システムやデータの変更予定以外に、業務に関する変更予定として、大学図書館では、目録業務の外部委託化を挙げた館が5館、中央館への業務集中を挙げた館が1館あった。

付　調査票

目録の作成と提供に関する調査

図書館コード (宛名ラベルにあります)		図書館名	
回答者(氏名・所属部署)			
連絡先(電話番号/メールアドレス)			

■当てはまる番号に○をつけるか、回答欄の(　)や□に回答を記入してください。

問1　目録の作成業務全般

1) 貴館で、目録作成業務を行っていますか？
　　1. 目録作成業務は行っていない（中央館など同一組織内の他の館で作成している）[→問5へお進みください]
　　2. 目録作成業務を行っている（MARC購入、外部委託の場合も含む）

2) 目録作成業務に関わる担当組織、及びその業務内容を簡潔にお書きください

担当組織	業務内容
(例)目録係	MARCデータの点検、修正、追加。地域資料の目録データ作成。中国語・ハングル資料などの手書きカードによる目録作成及び排列。

3) 目録作成業務に関わる職員数 [館内で勤務する人数をご回答ください]

専任職員(常勤)	兼任職員(常勤)	非常勤職員	委託・派遣職員	合計
名	名	名	名	名

4) 目録作成業務の経験年数 [常勤についてのみご回答ください]

	1-5年	6-10年	11-15年	16-20年	21年以上
専任職員(常勤)	名	名	名	名	名
兼任職員(常勤)	名	名	名	名	名

問2　現在使用している目録規則
　　[和書・洋書の区分を設けていない館は、和書の部分でご回答ください]

【和書】
　　1. NCR新版予備版
　　2. NCR1987年版（改訂版、改訂2版、改訂3版を含む）
　　3. AACR2
　　4. その他:(　　　　　　　　　　　　　　　　　　　　　　　　　　　　　　)
　　5. 分からない

【洋書】
　　6. NCR新版予備版
　　7. NCR1987年版（改訂版、改訂2版、改訂3版を含む）
　　8. AACR2
　　9. その他:(　　　　　　　　　　　　　　　　　　　　　　　　　　　　　　)
　　10. 分からない

問3　典拠コントロール　（=著者名や件名の標目を統一し、データの一貫性を保持する作業）

1) 貴館では目録作成にあたって典拠コントロールを行っていますか？[複数回答可]
　　1. 典拠コントロールは行っていない　[→問4へお進みください]
　　2. 著者名の典拠コントロールを行っている（一部でも可）
　　3. 件名の典拠コントロールを行っている（一部でも可）
　　4. その他:(　　　　　　　　　　　　　　　　　　　　　　　　　　　　　　)
　　5. 分からない　[→問4へお進みください]

2) 典拠コントロールの方法 [複数回答可]
　　1. 自館の図書館システムで独自の典拠コントロールを行っている
　　2. 書誌ユーティリティの典拠コントロールシステムを利用している
　　3. カード体の典拠ファイルを維持している
　　4. その他:(　　　　　　　　　　　　　　　　　　　　　　　　　　　　　　)

問4　外部委託の状況　（MARC購入を含む）

1) 目録作成の作業をどの程度外部委託していますか？
　　1. 新規受け入れの全ての資料について、外部委託している
　　2. 新規受け入れの一部の資料について、外部委託している
　　3. 新規受け入れの資料については外部委託はしていない

2) 外部委託で目録作成を行う場合の作業の種類 ［複数回答可］
　　1. 書誌データの作成
　　2. 所蔵データの作成
　　3. 典拠データの作成
　　4. 請求記号（分類を含む）の付与
　　5. 装備
　　6. その他：(　　　　　　　　　　　　　　　　　　　　　　　　　　　　　　　)

問5　現在、利用者に提供している目録の種類 ［複数回答可］
　　1. Web版利用者用オンライン検索目録（OPAC）
　　2. 館内用OPAC（館内でのみ使用されるシステム）
　　3. 携帯電話用OPAC
　　4. カード目録
　　5. 冊子体目録
　　6. その他：(　　　　　　　　　　　　　　　　　　　　　　　　　　　　　　　)

　　　　　　　選択肢4～5の両方にのみ、または、4か5のいずれかにのみ丸をつけた方は、問9へお進みください

問6　OPAC
1) OPACの開始時期　　　　　　　(　　　　　　年開始)
　　Web版OPACの開始時期　　　(　　　　　　年開始)
2) 図書館内に設置された主にOPACに使っている利用者端末台数　　(　　　　　台)
3) 図書館内に設置された利用者用端末でのOPACの入力手段 ［複数回答可］
　　1. キーボード
　　2. タッチパネル
　　3. その他：(　　　　　　　　　　　　　　　　　　　　　　　　　　　　　　　)
4) OPACの検索方式 ［複数回答可］
　　1. 無指定方式（検索項目を意識せず、検索語を入力する方式）
　　2. 選択方式（検索したい項目を指定し、検索語を入力する方式）
　　3. コマンド方式
　　4. その他：(　　　　　　　　　　　　　　　　　　　　　　　　　　　　　　　)
　　5. 分からない
5) OPACが備えている検索補助機能 ［複数回答可］
　　1. 入力した検索語の正規化（大文字と小文字、長音やマイナス記号の処理、拗促音の処理など）
　　2. 前方一致、後方一致、中間一致などのトランケーション機能
　　3. 論理積、論理和などのブール演算機能
　　4. キーワードの一覧表示
　　5. ヘルプ機能（ガイダンス）
　　6. その他：(　　　　　　　　　　　　　　　　　　　　　　　　　　　　　　　)
　　7. 分からない
6) OPACの目録情報で検索のキーワードに利用できる要素 ［複数回答可］
　　1. 基本的な項目（タイトル・著者名・シリーズ名）
　　2. 出版者
　　3. 翻訳書の原タイトル
　　4. 内容細目のタイトル
　　5. 内容細目の著者名
　　6. 内容紹介、あらすじ
　　7. 分類記号
　　8. 件名
　　9. 標準番号（ISBN、ISSNなど）
　　10. 書誌データの要素すべて
　　11. 分からない
7) 貴館のOPACで、蔵書の書誌・所蔵データのほかに提供している情報はありますか？ ［複数回答可］
　　1. 資料の所在位置（所蔵館や請求記号だけでなく、書架やフロア上の位置を図示したものなど）
　　2. 資料の貸出状況
　　3. 資料の予約状況
　　4. 新着資料情報
　　5. 出版情報（JAPAN/MARCや民間MARCなど）
　　6. 所蔵している逐次刊行物などの目次情報（TOC：Table of Contents）
　　7. ネットワーク情報資源へのリンク情報（URLなど）
　　8. その他：(　　　　　　　　　　　　　　　　　　　　　　　　　　　　　　　)
　　9. 分からない

8) 貴館のOPACで、基本的な項目の検索以外に提供している機能はありますか？ ［複数回答可］
   1. 図書と雑誌の同時検索
   2. 所蔵館（分館など）を限定した検索
   3. 配置場所（参考図書、開架、地域資料など）を限定した検索
   4. 特定言語の資料に限定した検索
   5. 一覧画面での表示件数の選択可能
   6. 図書館トップページに検索窓がある
   7. ハイライト表示（入力語にマッチした部分をハイライト）
   8. 詳細表示画面からのリンク機能（著者、シリーズなど）
   9. 検索結果の絞込み、ソート順の選択
   10. その他：(   )
   11. 分からない

9) OPACで検索件数の上限を超える結果の表示方法
   1. 上限なし
   2. 上限件数まで出力（上限件数　　　　　件）
   3. エラーメッセージのみ
   4. 分からない

10) OPACを利用するための利用者支援 ［複数回答可］
    1. 検索のための利用ガイド（ボードあるいはパンフレット）を提供している
    2. かな漢字変換などのキーボード操作の説明ガイドを提供している
    3. 利用者の求めに応じ検索指導を行う
    4. 講習会を実施している
    5. その他：(   )
    6. 分からない

問7 目録データベースの作成

1) 貴館では、コンピュータ処理による目録データベースの作成を行っていますか？（外部委託の場合も含む）
   1. 作成している
   2. 作成していない ［→問9へお進みください］

2) 目録データベースの収録対象
   1. 新規に受け入れる全ての資料を収録対象としている（リモートアクセスの資料は除く）
   2. 目録データベースの収録対象外となっている資料がある
      例）雑誌、新聞、マイクロ、視聴覚資料、特殊言語資料、古典籍・貴重書、郷土資料、消耗品
      収録対象外としている資料の種類：(   )

3) リモートアクセスの電子資料を目録データベースの対象としていますか？ ［複数回答可］
   1. 全て対象としていない
   2. 電子ジャーナルを対象としている
   3. 電子ブックを対象としている　例) netLibrary、Safari Tech Books Online
   4. データベースを対象としている　例) 朝日新聞「聞蔵」、MAGAZINEPLUS
   5. その他：(   )

4) 目録データベースの作成方法 ［複数回答可］
   1. 自館で独自に目録データを作成（書誌ユーティリティーでのオリジナルカタロギングも含む）
   2. 国立情報学研究所NACSIS-CATのデータを利用
   3. OCLCのデータを利用
   4. MARCを購入している　例) JAPAN/MARC、TRC MARC、NS-MARC(ニッパンマーク)、AV-MARC
      MARC名：(   )
   5. J-BISCなどCD-ROMを利用
      CD-ROM名：(   )
   6. 版元から無料で提供されるMARCを利用
   7. リンクリゾルバの提供するデータを利用
   8. 外部委託して目録データを作成
   9. その他：(   )

5) 新規受入れ資料のうち、自館で独自に目録データを作成する割合　(　　　　%)
   ［問7の4)で、1に丸をつけたものが、全体に占める割合をご回答ください］

6) 自館以外で作成されたデータ（問7の4)で、2から9に丸をつけたもの）について、何らかの書誌データの追加・加工を行っていますか？ ［複数回答可］
   1. 内容細目の追加
   2. 書誌階層の変更、追加
   3. 件名、分類の追加
   4. その他：(   )
   5. 行っていない

問8 遡及入力
1) 遡及入力の実施状況
   1. 遡及入力は既に完了している
   2. 現在、遡及入力を実施している
   3. 遡及入力の計画中である
   4. 遡及入力の予定はなし　[→問9へお進みください]
   5. 遡及入力の必要なし（当初からカード目録などは作成せず目録データベースを構築していた）[→問9へお進みください]
2) 遡及入力の対象
   1. データベース化されていない全ての資料を対象としている/いた
   2. データベース化されていない資料のうち、遡及入力の対象外とするものがある/あった
      遡及入力の対象外とする/した資料の種類:（　　　　　　　　　　　　　　　　　　　　　　　　　　　）
3) 遡及入力の完了予定（完了済の場合も含む。西暦で記入）　　　　（　　　　　　年）
4) 遡及入力対象のうち、現在までに入力済の資料の割合　　　　　　（　　　　　%）
5) 遡及入力の方法　[複数回答可]
   1. 自館で独自に目録データを作成（書誌ユーティリティーでのオリジナルカタロギングも含む）
   2. 国立情報学研究所NACSIS-CATのデータを利用
   3. OCLCのデータを利用
   4. MARCを購入している　例)JAPAN/MARC、TRC MARC、NS-MARC(ニッパンマーク)、AV-MARC
      MARC名:（　　　　　　　　　　　　　　　　　　　　　　　　　　　　　　　　　　　）
   5. J-BISCなどCD-ROMを利用
      CD-ROM名:（　　　　　　　　　　　　　　　　　　　　　　　　　　　　　　　　　　）
   6. 外部委託して目録データを作成
   7. その他:（　　　　　　　　　　　　　　　　　　　　　　　　　　　　　　　　　　　　）

問9　カード・冊子体目録
1) カード・冊子体目録の作成と提供についてご回答ください
   1. 当初から、作成も提供もしていない　[→問10へお進みください]
   2. 以前と同様に維持・更新している　（ a.カード / b.冊子体 / c.両方 ）
   3. 一部に限定して維持・更新している　（ a.カード / b.冊子体 / c.両方 ）
   4. 凍結した（更新はしないが、利用者に提供している）（ a.カード / b.冊子体 / c.両方 ）
   5. 廃止した（更新せず、利用者にも提供していない）（ a.カード / b.冊子体 / c.両方 ）
   6. その他:（　　　　　　　　　　　　　　　　　　　　　　　　　　　　　　　　　　　　）
   7. 分からない
2) カード・冊子体目録の作成、提供の対象となっている資料の種類についてご回答ください

3) 現在、利用者用に作成、提供しているカード・冊子体目録の種類　[複数回答可]
   1. 著者目録
   2. 書名目録
   3. 分類目録
   4. 件名目録
   5. 著者書名目録
4) カード・冊子体目録を作成、提供している理由についてご回答ください

問10　目録の作成と提供に関して、今後システムや業務の開始、拡大、変更などの予定があればご回答ください

質問はこれで終わりです。ご協力ありがとうございました。

目録委員会

委員長
原井　直子　国立国会図書館

委員
東　　弘子　国立国会図書館（2011.3 退任）
木下　　直　東京大学法学部図書室
河野江津子　慶應義塾大学メディアセンター
酒見　佳世　慶應義塾大学メディアセンター（2011.4 退任）
佐藤　　良　国立国会図書館
高橋菜奈子　国立情報学研究所
鴇田　拓哉　つくば国際短期大学
平田　義郎　横浜国立大学図書館・情報部
古川　　肇　近畿大学
本多　信喜　東京都立中央図書館
横山　幸雄　国立国会図書館（2011.3 退任）
渡邊　隆弘　帝塚山学院大学

委員会担当
磯部ゆき江　日本図書館協会事務局

目録の作成と提供に関する調査報告書（2010年調査）

2012年2月1日　発行

編集　日本図書館協会目録委員会
発行　社団法人　日本図書館協会

〒104-0033　東京都中央区新川1-11-14
Tel.03-3523-0811　Fax.03-3523-0841

ISBN 978-4-8204-1112-3

JLA21118